VISTA-SI

Viviane Williams

WeBook Publishing – Edição em Português

Sumário

Agradecimentos

Vista-Si

Àquela que muitas vezes sacrificou seu tempo e energia para que nada faltasse, cujas qualidades - amorosa, prestativa, leal, bondosa, entre tantas outras - fazem dela uma mulher tão incrível, a quem posso chamar de mãe, Naibel. Sem ela, nada seria possível. Ela não apenas me deu a vida, mas também me deu uma irmã mais velha, Elaine, que se comporta e age como minha mãe também e eu amo. Sempre embarca nas minhas ideias, que me apoia mesmo de longe, e quase me matou do coração ao me surpreender vindo para Los Angeles no em maio de 2020. Ela me acompanhou na viagem em Paris e em todas as ocasiões mais importantes da minha vida. E ao meu pai, José Artur, que sempre expressa seu amor com inúmeras perguntas sobre como está tudo por aqui e quer saber cada detalhe.

Agradeço ao meu marido, Tyler, por todo amor, carinho, suporte e força que sempre me dá para alcançar qualquer objetivo que possa acrescentar a minha vida e ao nosso casamento. Ele foi um presente de Jeová Deus na minha vida e tem sido incrível nesse processo de adaptação aqui na Califórnia. Hoje, além de sermos uma grande família, somos o melhor time. Também ao meu sogro, Reggie, por todo apoio que ele e meu cunhado, Marlon, me deram durante essa nova fase nos últimos cinco anos. E Jackie, que também me deu suporte que precisei durante esse tempo. Sem dúvida, foram os anos mais desafiadores e os que mais me ensinaram a ser mais corajosa, a seguir em frente mesmo com medo, e a ter a certeza de que nunca estou sozinha.

Jennifer, Mike, Isabelle e Lillah, que me acolheram, viraram família e que também fazem parte do meu crescimento aqui nos Estados Unidos. Muito obrigada! E, por último, agradeço a

todas as minhas amigas. Não vou citar nomes para não esquecer de ninguém, mas todas, sem exceção, fazem parte dessa
grande jornada. Obrigada por tudo, sem o suporte de vocês
essa caminhada teria sido ainda mais desafiadora.

Insira a data de hoje: ____

Descreva aqui como você descreveria sua imagem?

____

____

____

____

Qual a importância que você dá para sua imagem?

____

____

____

____

Qual resultado você busca lendo este livro?

____

____

____

____

Introdução

"O que você tem todo mundo pode ter, mas o que você é ninguém pode ser."

Costanza Pascolato

Por onde você começaria a contar sua história? Olhar para trás pode ser difícil, e dependendo de como foi sua vida, talvez você não queira essa pausa. Mas, pensando bem, foi assim que você construiu e fortaleceu seus valores, atributos e qualidades. E dessa forma você construiu uma imagem pessoal forte. Minha história fortaleceu minha imagem, e eu vou te contar como.

Mas, este livro não é apenas um relato de minha caminhada de recomeço, mudança e redescobrimento. Ele é um desabafo de como abracei essa nova experiência com uma perspectiva renovada, transformando desafios em oportunidades, dando vida a um empreendimento de consultoria de imagem inspiradora. Através dessas páginas, compartilho não apenas a minha evolução pessoal, mas também como desenvolvi o meu método da consultoria de imagem, todo crescimento e criatividade nessa trajetória. Tenho paixão pela consultoria de imagem e amo escrever sobre os meus sentimentos mais profundos. É como se cada página fosse uma conversa sincera comigo mesma, onde compartilho alegrias, tristezas, desafios e abro meu coração de maneira sincera e reveladora.

Minha mudança para Califórnia marcou o início de uma caminhada que transformou não apenas a minha localização geográfica, mas também a minha vida pessoal. Ao lado de Tyler, meu marido, embarquei em uma jornada que revela a minha coragem, mesmo tendo muito medo em alguns momentos; mas, também tenho muita determinação, especialmente em meus objetivos espirituais. O apoio constante dele me lembra a todo instante que nunca estou sozinha, ele segura a minha mão e está sempre ao meu lado; é parceiro, amigo, um marido e um amor como eu sempre desejei.

Essa nova fase também despertou uma nostalgia profunda pela minha família no Brasil, principalmente pelos meus pais Naibel e José Artur, e minha irmã Elaine. A saudade se tornou uma constante companheira, e os primeiros meses distantes deles se mostraram desafiadores. Apesar disso, nossas chamadas de vídeo diárias tornaram possível estar presente, mesmo à distância, reforçando o valor do amor e dos laços que construímos.

Nesse período, descobri uma força interior que desconhecia, uma determinação intensificada pela distância, que me impulsionou a realizar mais do que jamais imaginei. Desenvolvi o meu método de consultoria de imagem e estilo que vai além do externo, permitindo que cada mulher conheça a personalidade dela. Quando nos conhecemos e podemos enxergar nossa essência, nos olhamos de forma mais confiante. Mas esse método não seria possível se não tivesse minha amiga, sócia e a melhor psicanalista que encontrei para ajudar as minhas clientes a externalizar o melhor de cada uma. Conheci Blenda através do Instagram no dia 27 de dezembro de 2022 e achei interessante o que ela fazia e era exatamente o diferencial que eu buscava para o meu negócio. Após a primeira conversa via vídeo-chamada, ela topou de imediato fazer parte da minha equipe. Hoje, fortalecemos esse método tão único com nossas singularidades.

Além disso, desenvolvi um grupo de *networking* onde trago a referência de *Hollywood* para esse evento, permitindo que todas as mulheres entendam que elas também merecem um

Oscar. Por isso, preciso homenagear todas as mulheres que estiveram presentes no primeiro evento realizado em Recife, no dia 16 de janeiro de 2024, um dia tão especial e marcante. Então, meu muito obrigada a minha mãe, minha irmã, a Blenda Ribeiro, Magali Rattacaso, Janessa Pascoal, Agatha Martins, Emile Luna, Denise Maria, Gessica Rattacaso, Roberta Monteiro, Karoline Monteiro, Mayara Albuquerque, Carol Araujo, Teresinha Araujo, Daniela Oliveira, Mila Moura, Carol Malucelli, Cristiane Feitosa, Shirley Araujo, Natalia Costa, Fabia Melo, Lany Santos, Milena Carla, Micheline Rocha, Tamiris Tavares, Flavia Regina, Karla Bruno, ao restaurante Studio Mu e ao chef Mateus Uchôa que tornou aquela noite inesquecível com pratos harmonizados com vinhos.

Ler este livro vai fazer você olhar para a sua imagem pessoal de outra forma. Além de se preocupar com o melhor *look*, vai começar a se preocupar com a peça fundamental da imagem pessoal: **você!** Espero que possa entender como é importante desenvolver o seu autoconhecimento para que aprenda a se vestir de forma mais confiante e construir uma imagem forte, não só se preocupar com as cores, se está na moda ou não, mas se enxergar como um todo e de maneira mais sensível, respeitosa e com mais cuidado - de dentro para fora -, afinal, você é uma esmeralda!

O que eu gostaria de dividir com você, desde já? Você vai se emocionar, vai aprender muito, e vai tornar a sua imagem mais valiosa. Ao terminar este livro, acredito que você se tornará uma mulher mais forte e com um desejo de valorizar ainda mais sua história, seus valores e, principalmente, o seu nome.

Pense que a avaliação de uma boa ou má imagem pessoal frequentemente depende do contexto e das circunstâncias em que ela se manifesta. O que pode ser considerado apropriado e impressionante em um ambiente pode não ser recebido no outro. É crucial ter em mente que essas são apenas generaliza-ções e que cada pessoa é única, com uma combinação singular de características que definem sua imagem. Portanto, uma abordagem personalizada e atenta às especificidades individu-ais é fundamental para uma representação autêntica e eficaz na imagem pessoal.

Embarque nessas histórias, que traz a sensibilidade e a força de cada mulher.

Capítulo 1

Uma breve retrospectiva

"Dê a uma mulher o sapato certo e ela irá dominar
o mundo."

Marilyn Monroe

Quantas vezes você já desejou mudar a sua vida? Quais momentos você se olhou no espelho e percebeu que merecia mais ou que poderia dar mais de si e achou que não seria capaz? Quando você para e olha ao redor, quantas vezes quis recomeçar em outro país? Começar a treinar? Mudar a forma como se veste? Criar bons hábitos? Ter uma nova rotina? Sempre estamos querendo algo novo, mas muitas vezes não saímos do lugar e culpamos o tempo, a falta de dinheiro ou outras circunstâncias por não termos resultados.

Muitas vezes não sabemos por onde começar, somos bombardeados todos os dias por informações, cursos, o *feed* que atualiza a cada segundo e você continua sem sair do lugar. São muitas portas abertas e você não sabe para onde ir, o que seguir, o que fazer e em quem se espelhar. Será que você é aquela pessoa que abraçou todas as oportunidades que a vida trouxe e agora está desfrutando de uma vida boa, fruto do seu processo e da sua paciência? Você teve medo, porém teve coragem de enfrentá-lo!

Mas, e você que não abriu a porta por medo de fracassar, de falarem de você, o que mudou na sua vida? Eu sempre fui destemida, conhecida como "você é muito louca, eu não teria essa coragem."

Nenhuma mudança é fácil, e ela sempre traz aquele frio na barriga, como se estivéssemos em uma montanha-russa, concordam? Nos animamos até chegar lá perto, mas quando chega a hora daqueles 3,2,1... queremos desistir por medo. Parece que não, mas na vida fazemos a mesma coisa. Posso contar uma coisa? Já me senti assim também, mas a diferença é que me joguei. E você? Quer se jogar nessa história e ver o quanto fui corajosa e atrevida?

Se você perguntar: "Mas Viviane, você não sentiu medo?" Eu vou responder no mesmo segundo: "A cada pensamento e respiração meu coração saía pela boca e meu mundo desabava." Talvez seria melhor eu falar que tive MUITO MEDO. Mas a decisão é sua. O medo trava ou você tira literalmente o pé do freio e se permite viver?

Muitas vezes o óbvio precisa ser dito: a coragem não é a ausência de medo. Coragem é você ter medo e mesmo assim seguir em frente.

Quando se tem medo, o melhor a se fazer é se acalmar, respirar e apenas seguir enfrentando cada etapa da vida. Então, pegue sua bebida preferida - chá, água, café, vinho, suco, chimarrão - sente em algum lugar que lhe traga paz e venha viver essa história comigo. A diferença é que você vai sair linda, confiante e mais encorajada daqui.

Preparada? Então, vem comigo!

Um recomeço e um método eficaz

Para entender por que precisei de coragem, vou contar para você sobre a diferença de como nossas qualidades e vulnerabilidades refletem em nossa imagem. E como minha vida e imagem mudaram quando comecei a olhar mais para mim, a me entender e perceber que mesmo corajosa, por muitos anos o medo me travou. Um deles foi o medo de ser eu mesma. Hoje sou muito mais interessante sendo eu mesma do que quando tentava ser uma pessoa diferente, quando tentava me adaptar às pessoas que estavam ao meu redor ou por tentar e forçar ter uma personalidade ou agir de uma maneira que deixava mais os outros felizes, enquanto eu não estava sendo fiel a quem realmente era, talvez para me encaixar em alguns ciclos de amizades ou relacionamentos. Percebo que o ato de me conhecer me fez ver o quanto sou incrível e isso não é soberba ou não ter humildade, na verdade foi muita terapia para aceitar e me enxergar assim. Porque hoje não tenho medo de falar o que penso, mas claro que levo em consideração os sentimentos dos outros e como me sinto e me posiciono, sem querer parecer superior a ninguém, pois não sou. É importante falar sobre isso, ou melhor, escrever.

Um certo dia eu conheci o homem da minha vida.

Calma, este não é um livro de comédia romântica. Não imaginava que naquele dia 05 de julho de 2019 minha vida mudaria, mas mudou. Primeiro, porque eu já tinha tido outros relacionamentos, e na terapia eu entendi que não tinha segurança em mim, o que refletia negativamente em tudo na minha vida, principalmente na minha imagem. Comecei a conversar com um homem que tinha a aparência muito brasileira, mas fui enganada porque ele era, na verdade, americano. Era para ser só uma conversa e não iria passar disso. Afinal, eu não queria ninguém naquele momento, só se fosse uma escolha de Deus, porque acredito que quando confiamos e colocamos Deus em primeiro lugar em nossa vida, ele sempre nos ajuda a tomar boas decisões. E hoje vejo que foi mesmo um presente Dele para mim, e também para o meu marido, porque um ano depois, no mesmo dia 5 de julho, nos casamos.

Conhecer Tyler foi mais desafiador por causa do nosso fuso horário, que era muito diferente. Quando nós falávamos, eu não conseguia entender tudo, então, trocávamos mais mensagens durante o dia, porque era mais fácil traduzir e nos entender. Um hábito que tínhamos e que nos ajudou a nos conhecer cada vez mais era que estudávamos assuntos bíblicos para ajudar o casal a se preparar para os desafios do casamento. Então, isso nos ajudava a ver a opinião sobre diversos assuntos e entender o que concordávamos ou não. Tínhamos o hábito de fazer isso uma vez na semana e também todas as noites ele me ligava na hora que estava indo dormir e fazia uma oração para que pudéssemos tomar boas decisões em relação ao nosso relacionamento. Eu fui começando a entender mais o inglês, mesmo que falar fosse mais desafiador.

Depois de alguns meses conversando, a primeira escolha e o primeiro ato de coragem foi: "Onde vamos morar? Brasil ou Estados Unidos?" Naquele momento, meu mundo parou como se fosse um filme, e eu tentava ver meu futuro para obter uma resposta, mas não conseguia. "Como assim morar longe da minha família, meus amigos? Aqui em Recife já conheço tudo, tenho meu trabalho, minha vida." Mas, depois de uns segundos, a resposta foi "Califórnia", porque ele já morava aqui e, então, seria melhor para ambos. Eu nem sabia o que estava falando, só queria ter a oportunidade de recomeçar, como se eu pudesse iniciar minha vida do zero, e foi isso que aconteceu, literalmente.

Vale deixar registrado que meu marido se ofereceu para morar no Brasil, mas quando conversamos e pesamos tudo, como: a profissão que Tyler tem aqui nos Estados Unidos (ele não conseguiria exercer no Brasil), a segurança e qualidade de vida; concluímos que morar nos Estados Unidos seria melhor para nós dois. Confesso que eu não estava preparada para mudar de país, deixar para trás a minha cultura, o meu idioma, e foi uma decisão que, apesar de rápida, foi muito difícil. Eu ainda nem falava inglês, era menos do que o básico, e a gente só se comunicava pelo Google Tradutor. Quando ele esteve em Recife me visitando, no dia 26 de Outubro de 2018, saímos para jantar, porque já estava próximo do dia dele voltar para a Califórnia; foi muito engraçado, porque geralmente quando saíamos uma amiga nossa, chamada Janessa, sempre fazia o papel de tradutora e, naquela noite, ela não foi; então, na hora de fazer o pedido para jantar eu não conseguia entender o que ele queria comer e, para piorar, nossa internet não estava funcionando! Após alguns minutos, conseguimos internet e, com a ajuda do garçom, fizemos o nosso pedido! No final da noite Tyler me deu um anel de compromisso e, sim, mais uma vez ele tentou falar algumas palavras em português e tivemos uma noite muito divertida. Ah! E o pior, ou melhor, é que um casal de amigos (e que hoje são nossos padrinhos), Giovane e Magali, estavam no mesmo restaurante caso precisássemos de ajuda com a tradução, mas ao invés de nos ajudar, eles nos deixaram passar esse perrengue só nos olhando de longe e rindo de toda situação.

Dia 16 de julho de 2019: o dia de ir embora e deixar toda a minha família havia chegado e eu não sabia o que sentir, porque parecia que o mundo que me deram quando nasci estava desabando e, ao mesmo tempo, sendo construído por mim mesma. Foram vários amigos e familiares chorando comigo no aeroporto, depois de um casamento lindo e várias despedidas.

Quando entrei no avião, parecia que metade do meu coração tinha sido arrancado e estava despedaçado pelo asfalto. A dor era intensa, mesmo sabendo que a escolha era minha.

Sabe a roupa que usei para embarcar naquele dia? Um pijama de moletom. Sabe por quê? Porque ele transmitia o conforto que eu precisava para acalmar meu coração naquele momento. Sem saber o dia que poderia voltar, sem ter certeza de nada que me esperava pela frente. Será que se fosse hoje eu iria me vestir daquele jeito com todo o conhecimento de imagem que tenho? Possivelmente não. Eu lembro hoje e não acredito que foi aquilo que usei.

Dependendo da composição, o moletom pode refletir desleixo, relaxamento, conforto e tem uma abordagem mais descontraída. Pelo menos ele era monocromático, refletindo aqueles dias nublados em que só queremos um abraço e um colo da família. Mas era justamente esse colo de pai e mãe que eu estava deixando na porta do aeroporto de Recife.

Quando desembarquei na Califórnia, mais uma vez meu mundo desabou, eu não acreditava na tamanha coragem que tive ao deixar minha família. Cada parada para uma conexão era uma ligação de muito choro. E foi assim que a minha vida nova começou. Nos primeiros dias, era como se eu ainda não acreditasse que aquela mudança tinha acontecido e não sentia que aquele espaço me pertencia. E os primeiros sentimentos de insegurança começaram a aflorar. Nem precisa de uma grande mudança de país para tantos sentimentos assim, você pode ter sentido em outras situações. A primeira sensação foi como se eu tivesse me perdido de mim, já não me conhecia mais, a vida tinha me levado até ali e tirado a minha independência. Eu precisava recomeçar, e mesmo sem saber por onde dar o *start* eu precisava continuar. Eu sei que muitas pessoas conseguem viver muito bem, como eu assistia no Instagram as pessoas sendo felizes e se dando super bem muito rápido aqui, mas a verdade, bom... a verdade é que nem tudo que é mostrado é de verdade. Se você passar vários anos construindo sua vida no seu país, como vai construir em outro do zero em quatro anos? Veja bem, nos primeiros 7 meses eu não podia nem dirigir!

No dia 12 de agosto de 2019 comecei a estudar inglês e precisava do meu marido ou meu sogro para dirigir e me levar nos lugares. Apesar da vida precisar continuar, a ansiedade do processo para obter a documentação para permissão de viagem me deixava ainda mais aflita e eu pensava: "Quando será que vou conseguir ver minha família novamente?" Minha mãe teve o visto negado 2 vezes e meu mundo desabou! Toda aquela dor refletia de forma muito natural o quanto meu psicológico estava bagunçado, mesmo que o meu casamento fosse feliz. Logo em seguida veio a pandemia e isso me deixou ainda mais aflita, tudo ficou fechado, ninguém saía e ninguém entrava no país. "E agora? Quando será que vou ver minha família?" Essa pergunta era repetitiva, meu marido só pedia para eu confiar em Jeová Deus e que tudo daria certo.

Cada etapa do processo da imigração caminhava lentamente e me fazia chorar, porque eu sentia como se tivesse fazendo uma contagem regressiva, mas sem saber do dia exato de voltar. Até que recebi do Governo Norte-Americano a permissão de viajar para fora do país durante a pandemia. Mesmo com a insegurança que nos rodeava, eu decidi viajar e ver minha família. No dia 26 de março de 2021 embarquei a primeira vez após um ano e meio longe, mas pareciam uns cinco anos! Sei que muitas pessoas que moram em outro país passam muito mais tempo que isso para conseguir voltar ao Brasil. Estava tão ansiosa para essa viagem que comecei a arrumar a mala quase 20 dias antes!

Por volta das onze horas da manhã recebi uma mensagem da companhia aérea informando que precisava estar no aeroporto mais cedo porque meu voo original estava atrasado e não daria tempo de pegar a conexão. Meu coração quase pulou! Liguei para meu marido e ele disse que não conseguiria sair antes do horário combinado para me deixar no aeroporto - da minha casa até lá dava mais ou menos uma hora, não tinha outra pessoa disponível para me deixar e eu precisei esperar. Como já trabalhei na aviação, comecei a procurar outras opções de voo, porque eu não poderia perder aquela viagem, era a minha ida para ver a minha família. Aquilo não poderia acontecer justo naquele dia.

Mas eu não tinha outra solução a não ser esperar. Assim que o meu marido chegou eu já estava na porta e fomos para o aeroporto. Quando chegamos, a funcionária avisou que eu não conseguiria pegar a conexão e só poderia viajar no outro dia. Meu mundo desabou naquele momento, eu não acreditava que teria que voltar para casa e esperar mais um dia depois de quase dois anos e pós-pandemia, isso nos deixou muito abalados!

Voltei para casa ainda mais devastada, e o pior: não podia compartilhar com minhas amigas porque elas não sabiam que estava indo para o Brasil. No dia seguinte, consegui embarcar e, depois de uma longa viagem (a cada conexão eu trocava de roupa por causa do vírus), eu pude abraçar novamente a minha família. Mas, nada era igual porque eu, agora, tenho um coração (ou uma vida) *Half Love** - se estivesse nos Estados Unidos sentia falta de tudo lá no Brasil; e se estivesse no Brasil, sentia falta do marido que ficava em casa, na Califórnia.(*Livro de poesias *Half Love, Metade Amor*, de Ana Silvani)

Era perceptível que aquele encontro com minha família e meus amigos tinha me deixado muito feliz, mas era possível ver o quanto minha mente ainda estava confusa na hora de me vestir. Para mim, tanto fazia o que iria usar, o que importava é que estava com minha família e aproveitando muito eles. Matei a saudade de todos por duas longas semanas - as mais rápidas da minha vida. Era hora de voltar e mais uma vez sofrer com a distância, mas dessa vez eu enfrentaria meus sentimentos sozinha. Era disso que precisava para voltar ainda mais forte e construir minha vida mais focada.

A vida continuava, e eu comecei a observar a forma como as mulheres americanas se vestiam e se arrumavam, sempre com cílios, unhas longas, as roupas de moletom ou *leggings*, tênis - elas sempre passam a ideia de conforto. Eu quis começar a usar aquelas roupas também, quem sabe como uma forma de me incluir naquele mundo novo, de me adaptar; mas, de certa forma, nada me fazia estar pertencente ao meu novo universo, aquele estilo não era o meu, mesmo sabendo que aquela escolha era minha. Eu ainda me sentia perdida, querendo me direcionar através de tudo que estava ao meu redor, o que estava na moda ou o que simplesmente eu achava que ficava bom em mim.

Eu estava com a mente bagunçada, aquela mulher corajosa que eu acreditava ser se trancava no quarto depois das aulas de inglês e só chorava. Não tinha nada para fazer e o pior começou: a vontade de querer se arrumar diminuiu, eu só queria andar de pijama, não sentia mais vontade de me maquiar. Mas eu estava feliz, muito feliz no meu casamento, então por que aquilo estava acontecendo? Na verdade, apesar da felicidade de ter encontrado um marido incrível, eu estava perdida dentro de mim mesma, eu não reconhecia aquela mesma mulher no espelho americano. Eu não entendia e nem sabia por onde começar a refazer a minha vida. Sempre que meu esposo me chamava para sair para jantar, por exemplo, eu nunca sabia o que usar, nunca tinha roupa para a ocasião, nunca me sentia bonita, provava milhões de roupas e mesmo ele falando que estava bonita, eu não me sentia bonita, não me sentia segura com o que estava usando. E quando eu olhava para ele, sempre muito bem-vestido, superelegante, acredite, isso me trazia ainda mais insegurança.

No Brasil, a Viviane que eu estava acostumada a ver no espelho estava sempre bem arrumada, pelo menos era isso o que eu achava, porque depois percebi que a minha postura e o meu jeito de falar transmitiam insegurança o tempo todo. No entanto, sempre que não tinha opções para sair, pegava roupas emprestadas da minha irmã, mas hoje consigo ver que, mesmo parecendo estar arrumada, ainda não me representava, eu ainda não me vestia de mim mesma, aquela ainda não era a mulher que transmitia quem eu realmente era - sempre muito vaidosa e gostava de estar apresentável, as unhas, cabelos, as sobrancelhas sempre arrumadas. Então, qual era o problema? Tudo é muito perceptível, mas a gente não vê, o problema era que eu não estava bem emocionalmente, então eu não gostava de nada, provava, provava e nada ficava bom.

Você até agora está achando que é porque eu não tinha opções, mas não; eu era insegura mesmo, e isso era claro, eu é que não via.

Esse encontro com o espelho me trazia verdades que eu tentava esconder o tempo todo. Mas, era no chuveiro que minha imagem de força se desconstruía, sob o peso da dor da saudade, das incertezas e inseguranças. Cada desafio que surgia me deixava com o coração acelerado, não me sentia capaz, não confiava que poderia fazer alguma coisa ou realmente ter boas ideias, porque a angústia da incerteza, do novo (que não deixava de ser novo) perdurava por muito tempo e me fazia chorar.

Era uma luta contra o tempo, era o coração acelerado e angustiado, os pensamentos inquietantes estavam ao meu redor mesmo eu querendo que minha imagem refletisse diferente. O fato é que não poderia ficar me lamentando pela saudade, pela minha insegurança ou qualquer pensamento negativo que viesse me desmotivar. Eu sou o tipo de pessoa que não gosta de ficar triste, para mim é como se estivesse perdendo um dia de viver, mesmo sabendo que é importante viver esses momentos, e na verdade é na dor que muitas vezes encontramos a solução ou a chave para ser feliz. Eu comecei a identificar quais eram as minhas prioridades e comecei a fazer trabalhos voluntários, pois ajudar as pessoas sempre me deixou muito feliz. Me sinto muito mais feliz quando vejo o sorriso de alguém que ajudei do que ganhar presente. Depois que coloquei a minha prioridade no lugar e melhorei o meu inglês, fui em busca do que eu realmente amo fazer.

Como já era formada em Administração no Brasil, eu pensei em fazer Contabilidade aqui nos Estados Unidos, porque era um complemento e talvez até seria mais fácil encontrar um emprego; no entanto, iria me deixar muito presa para visitar minha família, e mesmo fazendo o curso de Contabilidade percebi que ainda não era isso que gostaria de fazer. Numa conversa com minha terapeuta, perguntei: "Com o que será que posso trabalhar aqui?" E a única coisa que ela me disse foi: "Tente achar um trabalho em que você possa ajudar as pessoas." Fiquei muito pensativa: "Nossa, seria muito legal encontrar algo que eu pudesse fazer para ajudar as pessoas, isso seria realmente incrível!"

Pensei em abrir uma loja no estilo brasileiro que ajudasse as mulheres a se vestirem de forma que refletisse e melhorasse seu bem-estar emocional. No entanto, quando analisei todos os custos envolvidos, confesso que desanimei. Além disso, queria que todas as peças fossem criações minhas. Comecei a estudar intensamente sobre o assunto, planejei e pesquisei, mas nada saía do papel, e os meses continuavam passando.

Um certo dia, minha amiga me ligou e pediu ajuda para organizar a mala dela porque iria passar vinte dias na Europa apenas com uma mala de mão e não sabia o que usar, já que em alguns países estava mais frio e outros mais quente. Eu não tinha parado para pensar que aquilo poderia ser um trabalho, até que comecei a fazer um curso de *branding* e a minha mentora pediu para nos posicionarmos dentro do mercado. Eu precisei parar um pouco e falar: "A minha loja ainda não vai sair, mas se eu ajudar as mulheres a se vestirem bem, começando pelo emocional delas, isso ainda não existe dentro desse mercado."

Comecei a pesquisar muito sobre como o nosso emocional influencia na hora que abrimos o guarda-roupa para decidir o que usar. Foi então que encontrei uma matéria que fala sobre o impacto que o nosso emocional tem na hora de vestir.

De acordo com o site *Coaching Psychology*, a aplicação da Psicologia à Moda é considerada emergente na Psicologia. No Brasil, ainda não chega nem a ser reconhecida pelo Conselho Federal de Psicologia como uma área de atuação.

Portanto, o campo do *Fashion Psychology* (ver mais: *Emergence in Fashion Psychology*, careersinpychology.org / Psicologia e Moda - Formação em *Coaching Psychology,* coachingpsychology.com.br), como vem sendo chamado em Londres e Nova York, ainda está em seus estágios pioneiros. É possível encontrar, até o momento, duas grandes referências na aplicação da Psicologia à Moda a nível mundial: Dawn Karen e Carolyn Mair.

Os avanços de Dawn Karen:

Dawn Karen é psicóloga formada pela Universidade Colúmbia (Nova Iorque) e, unindo a sua experiência como modelo aos conhecimentos da Psicologia, passou cerca de um ano viajando ao redor do mundo realizando pesquisas e estudos de caso. Durante esse período estudou, principalmente, os componentes culturais do vestir, quais as influências de normas culturais em nosso modo de vestir e como isso afeta nossas emoções e comportamentos.

Para Karen, *Fashion Psychology* ou Psicologia da Moda é sobre entender por que as pessoas usam o que usam e os efeitos que nossas roupas causam em outras pessoas, além dos nossos próprios pensamentos e emoções.

A atuação da Psicologia no campo da Moda e da Imagem Pessoal integra a ciência psicológica e suas ferramentas terapêuticas com os conhecimentos do campo da moda e da imagem pessoal.

De maneira resumida, podemos dizer que a personalidade, a auto percepção, as pessoas com quem nos relacionamos e como nos relacionamos com elas são os principais fatores que impactam nossa relação com a moda, nossas decisões de compra e a forma como nos apresentamos para o mundo.

Então, entendi que eu precisava ajudar as mulheres com uma consultoria de imagem inovadora e exclusiva. Mas, como eu poderia fazer isso? Inicialmente eu precisaria ter alguém de confiança para cuidar das minhas clientes e que elas aceitassem fazer um teste para saber se aquele método realmente funcionava, saber como impactava nelas o efeito de se conhecerem. Até que, um dia, olhando o Instagram, conheci Blenda. Ela falava muito sobre traços de personalidade e achei isso interessante. Imediatamente mandei uma mensagem e logo depois ela me respondeu e marcamos uma reunião.

Quando falei da minha ideia, ela ficou entusiasmada e já começamos atender juntas. Parecia um sonho se tornando realidade. Compreendi que toda a dor inicial se transformou em uma grande ideia, culminando em uma parceria que fortaleceu nossa consultoria de imagem.

Durante meu curso de consultoria de imagem e estilo profissionalizante, em Paris, aprendi a importância de fazer perguntas como: Como eu me vejo? Como eu gostaria de ser vista? Como eu acho que as pessoas me veem? Essas questões não apenas complementam a minha abordagem à consultoria de imagem, mas me fizeram ainda mais ter a certeza de como é importante compreender a percepção de quem somos, nossa auto percepção e da projeção da imagem.

No próximo capítulo explorarei mais a fundo o conceito de imagem e como essas perguntas fundamentais desempenham um papel crucial na maneira como nos apresentamos ao mundo.

Capítulo 2
Imagem Autêntica

"A beleza começa no momento em que você decide ser você mesma."

Coco Chanel

Quando se fala de imagem, qual a primeira coisa que vem a sua mente? Talvez seja um momento inesquecível, como o nascimento do seu bebê, o dia do seu casamento ou aquele momento em que você decidiu dedicar a sua vida a Deus ou a sua espiritualidade, ou uma conquista pessoal. Todos esses momentos trazem à mente uma imagem feliz, porém, ao abordarmos o conceito de imagem na consultoria, ainda persiste a ideia de que se refere apenas à maneira de se vestir. Na realidade, nossa imagem vai muito além das roupas que usamos; ela expressa sentimentos, conceitos de quais são nossas preferências, gostos, personalidade e emoções. Isso significa que cuidar do nosso bem-estar emocional é tão importante quanto se preocupar com a nossa vestimenta.

Além disso, é fundamental compreender que a nossa imagem não é uma projeção externa, mas também uma manifestação interna. Reflita: em um dia triste, você deseja chamar atenção ou prefere passar despercebida? Provavelmente, optaria pela segunda opção. Isso ocorre porque, ao escolher o que vestir, nosso estado emocional se manifesta de alguma forma, e quando o nosso interior está em equilíbrio, isso reflete de maneira evidente em nossa aparência.

Portanto, é essencial que, ao buscarmos melhorar nossa imagem, consideremos não apenas a aparência física, mas também o nosso estado emocional e mental. Afinal, quando nos sentimos bem internamente, isso se reflete positivamente também no exterior.

Além disso, é interessante observar como nossa percepção da própria imagem pode influenciar não apenas a forma como nos vemos, mas também como nos sentimos em relação a nós mesmos e como nos apresentamos aos outros. Quando nos sentimos confiantes e confortáveis com a nossa aparência, é mais provável que irradiemos uma presença positiva e segura. Por outro lado, uma autoimagem negativa pode afetar nossa autoestima e até mesmo a nossa interação social. Portanto, ao discutirmos o conceito de imagem, é crucial considerar não apenas a perspectiva externa, mas também a interna, e como ela molda nossa visão de nós mesmos e nosso lugar no mundo.

De acordo com o dicionário *Oxford Language*, a imagem significa representação, reprodução ou imitação da forma de uma pessoa ou de um objeto, aspecto particular pelo qual um ser ou um objeto é percebido; cena, quadro. Em outras pala-vras, a imagem abrange não apenas a aparência física de algo ou alguém, mas também a percepção e interpretação que essa aparência provoca. Isso nos faz considerar 3 características im-portantes da imagem:

1. A Nossa Aparência Física:

Poderíamos falar que esse é o aspecto mais evidente da imagem. Porque se refere à forma externa de uma pessoa, onde incluímos características como a cor, forma, tamanho e textura. Por exemplo, a forma que uma pessoa se veste, pen-teia o cabelo ou se apresenta fisicamente.

2. Percepção:

É como as pessoas a veem e interpretam. Isso pode variar amplamente de acordo com a cultura, contexto social e as experiências individuais. Por exemplo, uma roupa que é considerada elegante em determinada cultura pode ser vista como inadequada em outra.

Como acontece em muitas partes do Ocidente, roupas mais reveladoras, como shorts curtos, tops decotados ou roupas de banho mostrando mais partes do corpo, isso é comum e pode ser considerado apropriado em certos contextos, como em praias, festas ou ambientes mais informais.

Por outro lado, em algumas culturas do Oriente Médio, como em países muçulmanos conservadores, essas mesmas roupas seriam consideradas inapropriadas e até mesmo ofensivas. Em vez disso, é esperado que as pessoas respeitem a cultura e se vistam de forma modesta e discreta cobrindo mais o corpo. Isso reflete os valores tanto culturais quanto religiosos dessa sociedade e é considerada uma parte muito importante e valorizada na identidade cultural deles.

3. Interpretação:

É influenciada por fatores de educação, valores pessoais e crenças. Por exemplo, uma pessoa pode interpretar uma expressão facial como sinal de felicidade, enquanto outra pode interpretá-la como sarcasmo.

Quantas vezes sua mãe, seu marido ou seu filho tiveram uma expressão que você interpretou de um jeito e eles disseram que não era? Acredito que diversas vezes isso pode ter causado uma grande confusão.

Para garantir que sua aparência física seja percebida e interpretada corretamente, é importante analisar como evitar qualquer mal-entendido em sua imagem para transmitir a mensagem desejada. Portanto, pergunte a si mesma: Como eu me vejo? Como eu acho que as pessoas me veem? Como gostaria de ser vista? Revisar essas perguntas pode te ajudar a entender qual o seu objetivo principal de imagem.

Quando você se questiona:

Como eu me vejo? O que se passa na minha mente? Qual é a resposta que vem de imediato? É de extrema importância reconhecer que, ao longo dos anos, pode-se desenvolver uma compreensão mais profunda de "quem sou eu?", tanto em nível emocional quanto em termos de estilo e personalidade. Enquanto antes eu me via de maneira limitada, agora entendo que minha imagem reflete muito mais do que simplesmente minhas roupas, é uma expressão dos meus sentimentos, conceitos e emoções vividas e que ainda vou viver.

Como eu acho que as pessoas me veem? Durante muito tempo, acreditava que minha imagem era definida apenas pelas roupas que vestia. Ao longo dessa jornada, percebi que as pessoas podem interpretar minha imagem de diversas maneiras, muitas vezes além do que eu mesma poderia imaginar. Isso me fez refletir sobre a importância de transmitir minha essência verdadeira em tudo que faço, afinal, somos lidos antes mesmo de falar.

Como eu gostaria de ser vista? Gostaria de ser reconhecida não apenas por minha aparência externa, mas também por minha autenticidade, princípios, confiança, criatividade e integridade. Desejo que minha imagem transmita minha essência de forma clara e genuína, inspirando outros a se sentirem seguros e confiantes.

É interessante notar como o processo de autoconhecimento e aceitação desempenha um papel fundamental na construção da nossa imagem pessoal. Quando nos conhecemos profundamente e aprendemos a valorizar nossa essência, isso naturalmente se reflete em nossa aparência externa. A jornada de autoconsciência, muitas vezes, nos leva a reavaliar nossas prioridades e perceber que a verdadeira beleza vem de dentro, não de roupas de grife ou acessórios caros.

"O que faz uma pessoa chique não é o que essa pessoa tem, mas a forma como ela se comporta perante a vida."
Gloria Kalil

Ao olharmos para o nosso processo de mudança e crescimento, podemos observar como cada etapa dessa evolução emocional se manifesta em nossa imagem. Essa consciência nos permite desenvolver uma abordagem mais holística à consultoria de imagem, focando não apenas na aparência externa, mas também no nosso fortalecimento interno.

Assim como na psicanálise, onde ganhamos uma nova perspectiva quando observamos os problemas de outra pessoa de forma mais clara, ao nos enxergarmos de maneira mais objetiva, somos capazes de nos fortalecer e crescer em autoconhecimento e resiliência. E esse entendimento profundo de quem somos, nos capacita a transmitir segurança e confiança através de nossa imagem, inspirando outros a fazerem o mesmo.

Viviane Williams

Quando comecei a olhar para o meu processo de mudança e adaptação, eu percebi o quanto toda aquela minha evolução emocional estava refletindo naturalmente na minha imagem. Desenvolvi uma consultoria inovadora no mercado ao focar na essência da mulher, ajudando-a a compreender sua personalidade, a sua saúde física e mental para se tornar mais segura e confiante. Ao entender como funciona e ao se enxergar de uma perspectiva externa, ela pode se fortalecer.

O que frequentemente observamos sobre a imagem é um conflito entre o que alguém deseja transmitir e o que realmente demonstra. Muitas vezes, as atitudes e comportamentos não condizem com a essência interior da pessoa, criando uma discrepância perceptível. Minha consultoria destaca a importância de compreender sua verdadeira identidade, ou seja, quem você é, seus gostos e preferências, ajudando você a alinhar sua aparência externa com quem realmente é por dentro. Através de um processo cuidadoso de autoconhecimento e análise, trabalhamos juntas para eliminar essa discrepância ou ruído, garantindo que a imagem projetada ao mundo seja uma representação autêntica de seus valores, personalidade e objetivos. Assim, sua presença se torna mais coesa e impactante, fortalecendo tanto a percepção pessoal quanto profissional.

Meu desejo é que você possa se olhar no espelho com segurança para conhecer verdadeiramente quem é, que reconheça sua singularidade, aquele toque especial que faz a diferença em qualquer ambiente que frequente. Sem medo e com coragem, transmita seu verdadeiro eu sem hesitações. Não tente imitar alguém que você vê nas redes sociais, nas revistas ou na televisão, pois muitas vezes aquela pessoa não é o que parece. O seu estilo é único, afinal, cada um de nós tem a própria singularidade que, ao invés de ser copiada pelo estilo de outro alguém, deve ser explorada e muito bem transmitida na sua imagem.

"Conhecer a nós mesmos nos desobriga a atuar, de manter uma imagem que não é nossa, de viver uma novela cujo personagem principal nós enterramos em algum capítulo lá atrás. Conhecer a nós mesmos liberta a pessoa que somos e nos dá poder de simplesmente existir, assumindo nossas competências e fragilidades." (REIS, Joel & MAZULO, Roseli. Gestão e Imagem, 2017, página 39).

É preciso demonstrar segurança e conforto ao escolher uma roupa para qualquer ocasião, assim como em outras decisões importantes da vida - como para onde viajar, o que estudar, onde passar as férias, qual carreira seguir, ou em qual transição de carreira embarcar. É crucial confiar em si mesma e nas próprias escolhas. Vivemos em um momento em que as pessoas estão ganhando mais coragem para fazer o que realmente gostam. Com ou sem medo, elas sabem que podem mudar. Ao contrário de antigamente, quando mudanças poderiam parecer um absurdo porque todos deveriam seguir a carreira que suas famílias seguiram ou impunham como sinônimo de sucesso. Onde está o seu "eu" em tudo o que você faz? Cadê a sua essência? Sua imagem reflete o que deseja? E é por isso que é tão benéfico entender o todo que compõe a experiência de ser você, para que, na hora de se vestir, as pessoas possam enxergar a pessoa incrível que você é logo nos primeiros segundos. O importante é vestir-se de si mesma.

Acredito que não existe uma carreira certa para expressar quem você é, ou que existe uma roupa certa para vestir-se bem; afinal, nada pode ser mais precioso do que aquilo que você faz por si mesma. O autoconhecimento se aprofunda à medida que exploramos diferentes aspectos de nós mesmos. Muitas vezes, podemos pensar que nos conhecemos bem o suficiente, até nos depararmos com experiências que nos desafiam a olhar para dentro. Ao examinar nossa estrutura óssea, por exemplo, podemos descobrir conexões entre nossa história, pessoas e nossas características psicológicas. A partir daí você vai entendendo quais são os medos e suas principais características. E isso te ajuda a fortalecer sua autoconfiança, o que consequentemente alimenta sua autoestima e reflete na sua autoimagem. Os atributos que compõem a sua imagem são uma sequência importante que, quando pulados, alguns desses aspectos deixam a desejar, como sua comunicação não-verbal, o que você está vestindo, seu estilo, comportamento, etiqueta, atitude e confiança.

Mas, eu pergunto, minha amiga, você está pronta para ser você mesma sem medo?

Vou contar um pouco mais da minha história, e você vai entender em qual momento eu percebi que tinha coragem, pois às vezes, mesmo quando você acha que a tem, é difícil sair da zona de conforto.

Qual foi a última vez que algo fez você sair da zona de conforto?

A minha foi quando mudei para a Califórnia e tive que reaprender praticamente tudo. Foi como se eu tivesse apertado o botão de *restart* e minha vida tivesse recomeçado com a oportunidade de fazer tudo melhor e trazendo toda a experiência que já havia adquirido no Brasil. Quando precisei ir para escola aprender inglês, naqueles momentos encontrei no caminho a minha vulnerabilidade de não conseguir expressar exatamente o que sentia porque as pessoas não iriam entender. Quando precisei tirar uma habilitação nova depois de ter dirigido 9 anos e tive que aprender novas regras de trânsito - aqui está tudo bem virar à direita com o sinal fechado, por exemplo - era simples, mas na minha mente isso me paralisava devido à falta de costume. Eu poderia escolher me reinventar ou simplesmente usar todo o conhecimento que adquiri dos quatro anos que estudei Administração no Brasil. Decidi fazer o que me dava mais liberdade e que pudesse ajudar as mulheres de forma mais direta.

Sair totalmente da minha zona de conforto me fez entender o quanto sou corajosa em aprender tantas coisas em pouco tempo e que, muitas vezes, com o passar dos dias, esquecemos ou não valorizamos essas pequenas conquistas que conseguimos em outro país com cultura e idioma novos. Mas o que mais me deixou confortável nisso tudo foi ver o quanto os americanos que conheci eram prestativos em ajudar quando eles não entendiam o que eu falava. Eles apreciavam o meu esforço, muito mais que eu mesma.

Sair da nossa zona de conforto traz instabilidade emocional por causa dos julgamentos que outras pessoas podem fazer ou pela nossa própria insegurança de não saber se vai dar certo ou não, e essa certeza só vamos obter ao sair literalmente de onde estamos. Muitas vezes queremos apenas fazer algo quando estiver tudo perfeito, mas aí cometemos dois erros que são: o de esperar a perfeição que não existe e o de procrastinar e nunca sair do lugar. O que você costuma fazer? O que costuma escolher?

Assim, nos impedimos de avançar ou sequer reconhecer o percurso que já percorremos ao longo da vida, ignorando o fato de que cada passo foi uma jornada para fora de nossa zona de conforto.

O sucesso da nossa imagem começa quando causamos um impacto positivo em nós mesmos ao nos olharmos no espelho e nos sentirmos confiantes. Consequentemente, conseguimos transmitir autoridade, confiança, profissionalismo, credibilidade e alinhamos os nossos valores a nossa imagem. Por isso, é importante dar importância aos detalhes externos e internos, e não simplesmente escolhermos qualquer coisa para vestir. Você pode olhar no espelho com o olhar cansado de um dia muito atarefado e ter a certeza de que conseguiu transmitir toda a sua competência alinhada a sua melhor versão de cada dia. Sua imagem começa antes mesmo de apagar as luzes para dormir, no momento em que reserva um tempo para cuidar de si. No entanto, é nesse momento que muitas vezes deixamos de lado esse cuidado, devido ao estresse do dia a dia e à falta de paciência para nos dedicarmos a nós mesmas. É importante reconhecer que, mesmo nos momentos de cansaço e pressa, dedicar um tempo para cuidar da nossa imagem pessoal pode fazer toda a diferença no nosso bem-estar emocional e na nossa autoestima.

O cuidado com nossa imagem é um exercício diário. Não sei se sua mãe falava ou você reproduz isso para seus filhos: "o costume de casa vai à praça". Esse é um provérbio muito conhecido no Brasil e que faz todo sentido com nossa imagem. Você sabe por quê?

Porque a roupa que escolhemos para dormir fala muito sobre o cuidado que temos com nossa imagem também, afinal é o ponto de partida do nosso cuidado. Eu sei que muitas vezes gostamos daquela camisola rasgada, envolve um apego, um sentimento que você não quer se desfazer. Se isso acontece com você, que tal começar a cuidar da sua imagem na escolha de uma camisola que você olhe no espelho na hora de dormir e também se sinta linda? Isso faz muita diferença. Experimente!

Certo dia, eu me olhei no espelho na hora de dormir e, como estava muito frio, acabei colocando um moletom que meu marido me deu e que era dele, mas com o passar dos dias eu fui me sentindo feia e fiz o seguinte comentário pra ele: "Amor, preciso de outra roupa para dormir no inverno", e ele disse "Ah! Mas por quê? Essa está legal em você".

Agora veja o impacto que minha mudança causou nele. Fui para o Brasil e decidi comprar uma roupa nova para dormir, escolhi uma que me fizesse sentir confortável, aquecida e, claro, bonita. Quando voltei para a Califórnia e coloquei o pijama novo, sabe o que meu marido disse? "Nossa amor, como você está linda!" Naquele instante, sorri diante do oposto do que ele havia expressado anteriormente, quando afirmou que a camisola antiga estava bonita, mas ao trocar aquela por uma mais elegante, eu atraí a atenção dele. Isso confirmou exatamente o que havia mencionado antes: a importância de cuidarmos de nossa imagem mesmo quando estamos sozinhas, acompanhadas ou nos preparando para dormir. Afinal, esse é nosso momento de descanso, quando recarregamos nossas energias para o dia seguinte.

O zelo que dedicamos a nossa rotina de cuidados, desde uma simples limpeza de pele até a escolha consciente dos alimentos que consumimos, reflete diretamente em nossa saúde e bem-estar. Da mesma forma, a prática regular de exercícios físicos não só fortalece nosso corpo, mas também nutre a nossa mente. Assim, cada pequeno cuidado com nossa aparência culmina em um impacto significativo em nossa qualidade de vida.

O quanto você tem se olhado e se cuidado nesse momento?

Ainda temos a ideia de que precisamos de muito para ter uma boa imagem, mas, na verdade, o belo se esconde na simplicidade. Você atrai a boa primeira impressão por todo conjunto que expressa. É a sua poesia expressa numa vestimenta, é tudo o que você viveu sendo transmitido em 3 segundos e criando um impacto instantâneo. Mas lembre-se: para causar qualquer impressão, é preciso gostar de si mesma.

Eu mudei de país, transcendendo fronteiras geográficas e barreiras linguísticas. Aqui, costumo ouvir idiomas sendo falados por pessoas de origens diversas. É assim também com os estilos universais da moda. Não importa de onde viemos ou para onde vamos, todos compartilhamos nossa auto expressão e autenticidade através do nosso estilo.

Sua essência, seu estilo

Para que uma banda possa tocar uma música de forma harmoniosa, é essencial que cada instrumentista conheça as notas musicais e saiba interpretar as cifras corretamente. De maneira análoga, para que possamos nos expressar através da moda, é crucial compreendermos as "cifras" do nosso estilo pessoal. Essas "cifras" são como versos de uma poesia, que nos conduzem e nos ajudam a compreender a mensagem que queremos transmitir ao mundo. Elas englobam não apenas características físicas e a silhueta de cada indivíduo, mas também as peças-chave que compõem o nosso estilo único. Além disso, assim como os acessórios complementam uma imagem, eles são como a cereja do bolo, adicionando um toque especial e distintivo a nossa aparência.

Considerando que discutir estilo é como desvendar a essência de alguém, convido você a se aventurar na jornada de entender seu próprio estilo. No entanto, é necessário realizar um teste de estilo, considerando que temos um estilo predominante e dois complementares.

Mulher glamorosa é vaidosa, autêntica, poderosa, independente, tem um estilo feminino que vem de forma mais forte e imponente. A característica dela é não ser clássica, porque deseja ter o corpo um pouco mais à mostra, mas sem ser vulgar. A peça-chave é modelar o corpo e valorizar as curvas femininas de forma levemente aparente, com decotes e sem esquecer do batom vermelho. Os elementos para compor o estilo dela são roupas modeladas que mostram mais o colo, as pernas e os braços. Os sapatos trazem feminilidade, mas sempre com uma pitada de ousadia. A maquiagem é notada por um olho mais marcante e batom vermelho. Esse estilo com sensualidade, mas sem vulgaridade, costuma ter mais peso visual. **O estilo dessa mulher é sexy.**

Mulher glamorosa que transmite poder, modernidade, sofisticação e um ar de magnetismo, já que ela nunca passa despercebida. Ela traz uma criatividade sofisticada com a influência do clássico. As peças dela sempre vão comunicar essa modernidade mais refinada, com tecidos elaborados e sempre tendo algo diferenciado, quer seja estampa, geometrias, um designer diferente. A singularidade está presente em suas camisas de cortes assimétricos, sapatos impecáveis e que carrega um peso visual maior neles. A maquiagem tem uma pele bem feita e que acrescenta um drama nas escolhas do batom. Porque ela é uma mulher marcante, moderna ou urbana. **O estilo dessa mulher é moderno/urbano.**

Mulher segura de si, ousada, com muita personalidade, que gosta da liberdade de criar e ser *fashion*. Ela não quer o padrão, pois ela mistura as padronagens, sendo anticonvencional. Gosta do exagero e das cores que se contrastam sem problema nenhum. Ousando de sua criatividade, essa mulher sabe misturar as estampas, fazer combinações e usar tecidos não tão comuns. Ela jamais vai caminhar sem fazer você virar o rosto e ver suas cores evidentes e alegres e que carrega nos seus *looks* acessórios grandes ou pequenos, geométricos ou alguns mais clássicos. Ela traz originalidade visual nas escolhas dos seus sapatos. Sim, ela é diferente e exclusiva. **O estilo dessa mulher é o criativo.**

Essa mulher é doce, gentil, tem delicadeza em cada detalhe, prestativa, leve, calma e muito vaidosa. Compõe seu *look* com laços, babados e floral. Ela prefere peças que afloram ainda mais sua feminilidade com vestidos, saias, renda e fluidez. Ela valoriza as modelagens que em seu corpo sejam mais sutis. Então, ela preza que sua maquiagem seja bonita, porém, que realce seus traços naturais, assim como seus acessórios, que precisam transmitir delicadeza e sutileza, mas sua vaidade não a permite sair de casa sem brincos, colares, anéis ou laços. Sim, esse jeito doce não é à toa para seu estilo tão esvoaçante e leve de ser. **O estilo dessa mulher é romântico.**

Mulher de postura confiante, segura, culta, que sabe exatamente o que é bom para ela, presta atenção aos detalhes, ela preza pela boa qualidade do produto, mas aprecia a simplicidade e gosta de estar impecável. Para essa mulher é preciso estar bem arrumada para que se sinta bem, por isso, escolhe uma modelagem que esteja bem ajustada ao corpo com o acabamento impecável. Ela gosta de seda e alfaiataria clássica. A maquiagem precisa estar presente e seus acessórios precisam ser joias ou semijoias, seu cabelo precisa ser bem finalizado para fazer jus ao que a deixa se sentir linda. Esse clean e cuidado que seu estilo leva traz a elegância. **O estilo dessa mulher é refinado.**

Mulher que gosta de ser reservada, conservadora, que passa uma imagem forte e de respeito, gosta da discrição e atemporalidade, sendo assim, ela prefere poucos detalhes e peças que deixam pouca pele à mostra e que possa resistir ao desgaste do tempo. Afinal, essas escolhas refletem a constância de seus valores e preferências ao longo da vida. Gosta de peças com um bom acabamento e mais discretas. Ama uma boa alfaiataria, vestidos midi, calças e camisas retas. **O estilo dessa mulher é o Tradicional.**

Existe um elemento fundamental na imagem, tanto da mulher como do homem, que precisa ser construído e considerado um artigo de luxo no mercado, a CREDIBILIDADE. Ela é a chave principal que os clientes frequentemente buscam e que, se você não possui, deseja adquirir. Transmitir credibilidade na imagem pessoal é crucial, pois instiga confiança e respeito. Mas, como é possível alcançar isso?

Ao estabelecer e fortalecer sua credibilidade, você está investindo em um ativo poderoso, a confiança que outros depositam e no valor que você traz para as suas relações pessoais e profissionais que pode abrir portas e criar muitas oportunidades. No entanto, a construção da credibilidade não é um processo rápido ou fácil. Requer consistência, transparência e um compromisso contínuo com a excelência em todas as suas interações e realizações. Além disso, é essencial lembrar que a credibilidade não é apenas sobre conquistar a confiança de outros, mas também sobre manter essa confiança ao longo do tempo. Isso significa agir com integridade, cumprir promessas e assumir responsabilidades por eventuais erros.

Um dos benefícios de possuir credibilidade sólida é a capacidade de influenciar e inspirar outros. Por exemplo: em um ambiente de trabalho, um líder com credibilidade pode motivar sua equipe para alcançar as metas desejadas e superar os desafios. Em situações mais sociais, uma pessoa que é respeitada e confiável pode ser uma forte inspiração para amigos e familiares, incentivando a seguir e conquistar suas metas. Quando você é reconhecido como uma autoridade em sua área de atuação, as pessoas tendem a buscar sua opinião e seguir seus conselhos. Além disso, a credibilidade pode abrir portas para colaborações, parcerias e oportunidades de negócios que de outra forma poderiam não estar disponíveis. Empresas e indivíduos valorizam a reputação e a credibilidade ao tomar decisões sobre com quem fazer negócios.

Capítulo 3

Goste de quem você é

"A autoconfiança é o melhor traje; é preciso usá-lo todos
os dias."

Diane Von Furstenberg

Era difícil encontrar amor-próprio em meio às inseguranças e à incerteza sobre o meu caminho. As perguntas ecoavam em minha mente: "Quem eu sou, afinal? O que nesse momento profissionalmente me faz feliz?" Embora minhas prioridades espirituais estivessem claras, o aspecto profissional permanecia envolto em mistério, gerando confusão. Cada interrogação parecia um labirinto sem fim, um desafio para o qual eu não tinha respostas claras. Então, comecei a estudar inglês e pesquisar sobre como é o processo de abrir uma empresa aqui nos Estados Unidos. Surgiu a ideia de ser uma loja de roupas que atendesse a todos os estilos, mas de maneira exclusiva e que pudesse atender tanto as mulheres brasileiras quanto as americanas, cuja intenção era que elas passassem por um processo de autoconhecimento através da terapia comportamental, algo que, até então, eu tinha conhecimento. Eu começava a entender a importância desse processo e o quanto ele refletia na maneira como nos vestimos, quer para fazer negócio, ter uma empresa ou para quem já estivesse trabalhando.

Um dia, participei de uma palestra sobre empreendedorismo aqui na Califórnia. Tivemos que apresentar nossos negócios ou ideias e, ao compartilhar a minha proposta, percebi que ela foi bem recebida. Contudo, toda ideia precisa ter um fundamento para ser entendida e acolhida do jeito que desejamos, e eu ainda não possuía o principal elemento: a segurança. As pessoas só compram a ideia de quem transmite confiança e, por mais criativa que fosse, eu não transmitia o que todos desejavam: segurança.

Nossa autoridade não vem apenas da roupa que escolhemos, por exemplo: se você optar por usar um blazer e achar que esse único elemento vai trazer autoridade, está enganada. Ou acreditar que escolher umas roupas legais, tirar foto e fazer a mesma pose que você olha nas redes sociais todos os dias e acreditar que vai funcionar com você, isso também não vai acontecer. A nossa autoridade não vem de ser autoritária, afinal, isso demonstraria falta de educação. Ela vem das pessoas que enxergam você como uma referência na sua área profissional, mostrando que você consegue influenciar as pessoas com seu conhecimento e habilidades.

Como conseguir isso? Como desenvolver essa segurança?

Todo processo precisa de paciência e sua segurança não será desenvolvida da noite para o dia. A minha postura, o jeito que comunicava, como andava, tudo externalizava a minha insegurança. E como eu consegui desenvolver em tão pouco tempo? Eu precisei olhar para mim e enxergar que tinha passado pelo processo de autodescoberta e autoconhecimento. Vamos ver como:

Certo dia, quando estava olhando minhas redes sociais, eu vi uma mulher falando exatamente sobre como a mentoria dela iria fazer diferença em desenvolver a nossa marca pessoal, achei interessante e comecei a prestar atenção, principalmente quando falava sobre *branding*, que naquele momento ainda era novidade. Eu apenas queria abrir uma loja de roupas, mas que fosse diferente e eu não sabia como, por onde começar ou o que fazer, estava bem perdida na verdade. Então, ela lançou essa mentoria e eu decidi fazer, mas sem criar muita expectativa.

Nessa mentoria eu conheci a Mila Moura, ela mudou meu olhar em relação aos negócios e ao *networking*. Nessa mentoria ela fazia encontro com as alunas e, como eu moro longe, assim que comprei a mentoria ela, de imediato, marcou um café. Nesse encontro eu mencionei que me sentia insegura e tinha muita vergonha de abrir o Instagram e gravar, então ela começou a conversar e me falou sobre a importância do digital. Não sei explicar de onde veio a coragem, acredito que foi por ter um apoio ali do meu lado e que não iria me julgar se eu não fizesse bem feito, então abri o Insta e falei:

"E aí, como vocês estão? Já apareço assim de visual novo, sou dessas! Do nada eu apareço, vim tomar um café muito especial hoje à tarde com nada mais, nada menos que Mila Moura".

Foi um único vídeo que apertou mais uma vez o botão da coragem, ou aquele botão que está escrito "só vai!". Eu não sabia se iria conseguir perder a timidez tão rapidamente, se teria segurança para continuar quando estivesse sozinha.

O que me inspirou foi aquela mulher com quem eu me conectei, que tinha saído da zona de conforto, porque apenas se mudar para outro país foi apenas uma parte desse processo. Ela havia deixado seu cargo público, que lhe dava muita segurança e estabilidade financeira, para fazer o que amava. Havia estudado por diversas noites durante plantões para se tornar uma autoridade na área dela, afinal nada acontece do dia para noite, ela sabia onde queria chegar e se planejou e estudou muito e tudo isso me passava confiança.

Comecei a mentoria, todas as terças às 15h. Mesmo ainda estando no trabalho, dei meu jeito de assistir todas as aulas. Na primeira aula precisei escrever toda a minha história e, naquele momento, consegui enxergar o que ninguém iria fazer por mim, valorizar minha história, ver o que já havia conquistado e que, aos olhares de outros, não fazia tanta diferença.

Escrever nossa história nos faz perceber o quanto investimos em nós mesmos. Muitas vezes não refletimos sobre nossas motivações, apesar de serem fundamentais para nosso desenvolvimento e posicionamento. É importante entender como nós percebemos, lembrar pontos importantes de nossa trajetória e identificar porque deixamos de fazer certas coisas. Esses foram os aspectos abordados por Mila, e naquele momento eu precisava desenvolvê-los.

Então, todo aquele conhecimento que era adquirido me fazia ver cada dia mais meu potencial e que estava no caminho certo. Eu sabia porque estava fazendo cada coisa, e esse é um ponto importante. Pare e pergunte-se: Por que estou fazendo isso? Por que estou indo para esse caminho? Onde desejo chegar? Saber essas respostas vai fazer total diferença na sua caminhada. Elas fizeram diferença na minha imagem.

Nossa segurança é uma construção diária que vai sendo adquirida com o tempo. Isso foi notado à medida que postava vídeos no Instagram, porque as pessoas foram vendo meu progresso e isso era consequência de todo esse trabalho externo. Mas será que só isso foi suficiente? Não, foi nesse momento que criei um método inovador e exclusivo de consultoria de imagem.

O que é esse método? Por que esse método faz a diferença na consultoria de imagem?

O autoconhecimento te leva a desenvolver autoconfiança na sua autoimagem. Então, quando você conhece sua história em outra visão, quando externaliza, ela te ajuda a se valorizar. Quando você conhece como sua personalidade funciona, isso gera ainda mais autoconhecimento. Vestir-se de si mesma é uma junção de harmonia através do seu conhecimento em relação a si, seu estilo, e a mensagem que deseja transmitir.

Qual a roupa que te faz sentir especial, linda e deslumbrante?

____

____

Por que essa roupa te traz esses sentimentos?

____

____

É difícil se desfazer dessas roupas porque te marcaram em algum momento especial e importante de sua vida, ou fizeram parte de alguma conquista, ou simplesmente as usa porque sempre as pessoas falam o quanto fica deslumbrante e isso te gera uma sensação de confiança e valorização. Você, com certeza, vai sentir o quanto esse elogio vai refletir na sua autoestima e até mesmo no seu humor. Os elogios tendem a validar nossas escolhas e contribuir para uma sensação de autoconfiança e bem-estar de si mesma.

Já percebeu que quando você está triste acaba escolhendo roupas que não parecem ser ou lhe deixar bonita e, surpreendentemente, são justamente nesses dias que as pessoas te elogiam mais? Por que isso acontece? Existem algumas razões relacionadas a nossas atitudes que podem explicar isso. Quando estamos tristes, tendemos a optar por peças que nos fazem sentir confortáveis, confiantes e bonitas. Essa escolha pode ser consciente, pois buscamos algo que nos proporcione algum tipo de conforto emocional. Além disso, essas roupas podem realçar nossa beleza exterior e refletir nosso estado interior de uma forma positiva.

Quando estamos tristes, vestir algo que nos faz sentir bem pode ter um efeito transformador na nossa aparência. Uma determinada roupa pode destacar características físicas e até melhorar nossa postura, fazendo com que nos sintamos e parecemos mais bonitas. Afinal, nesses momentos de tristeza buscamos conforto emocional, expressão pessoal e até uma forma de transformação visual que nos faça sentir melhor. Entende o poder de sua imagem?

Você é um penetra da sua imagem?

Um penetra é alguém que entra em um lugar sem ser convidado. Como isso pode estar relacionado com a imagem? Se você estiver projetando uma imagem que não é sua, ou que não reflete quem você realmente é, será que você não está se tornando um intruso em sua própria imagem?

Às vezes, podemos sentir a pressão para nos encaixarmos em determinados padrões ou de atender às expectativas dos outros. Isso nos leva a adotar uma persona que não é autêntica, como se estivéssemos usando uma máscara para nos esconder. No entanto, essa tentativa de se encaixar pode nos fazer sentir como intrusos em nossa própria vida, desconectados de nossa verdadeira identidade.

Não se torne um penetra!

Você já se abraçou? É importante lembrar que cada um de nós é único, com nossas próprias experiências, valores e princípios. Em vez de tentar se moldar para se adequar aos outros, por que não deveríamos abraçar quem somos genuinamente? Isso significa ter a coragem de expressar nossa verdadeira essência, mesmo que isso signifique ser diferente ou incompreendido.

Ao abraçarmos nossa autenticidade, cultivamos uma sensação de segurança com nossa própria imagem e com quem somos de verdade. Quando nos sentimos confortáveis em nossa pele e confiantes em nossa identidade, irradiamos uma presença mais poderosa e genuína. Essa segurança interior que eu não tive inicialmente nos permite navegar pela vida com mais tranquilidade e aceitação. Sabemos que somos dignos de amor e respeito e isso é atribuído em todos os aspectos de nossa vida, seja profissional, pessoal ou em um relacionamento romântico ou de amizade.

Portanto, da próxima vez que você se pegar tentando se encaixar em um molde que não é seu, lembre-se de que não precisa ser um penetra em sua própria vida. Em vez disso, abrace a sua autenticidade e se permita ser você. As pessoas vão aceitar o seu verdadeiro eu e vão amar a sua verdadeira imagem sem medo.

"Sempre teremos escolhas a fazer, e eu escolhi focar em ajudar mulheres a se sentirem representadas e autênticas através da imagem delas."

Por que é tão importante se preocupar com sua roupa?

Muitas pessoas parecem ser todas iguais no meio da multidão. Ser reconhecida tem custo muito alto e algumas pessoas não estão dispostas a pagarem para ver. Cada uma de nós tem singularidades que só são nossas, nos tornando únicas. As expressões delineadas em cada uma das escolhas são os nossos estilos. Embora possam parecer semelhantes à primeira vista, cada um deles possui nuances únicas que os distinguem uns dos outros. Somos a singularidade no meio da pluralidade. Então, por que ainda se preocupar com a roupa? Porque acredito que só ela é capaz de expressar a sua autenticidade.

Além disso, sua imagem gera valor aos olhares das pessoas, e se elas tiverem a sensação de conexão mais profunda, admiração genuína ou até mesmo uma inspiração para serem mais autênticas consigo mesmas, automaticamente será associado ao seu serviço, ao que você faz ou ao que você vende.

Por isso, é muito importante você cultivar uma comunicação assertiva.

Para você entender melhor, vou te contar uma situação que aconteceu comigo e que vai ajudar a entender o conceito da comunicação assertiva.

Um dia, marquei uma reunião com minha amiga. No entanto, quando ela respondeu que não estava disponível naquele momento, sua forma de falar me deixou bastante chateada. Parece ser uma situação trivial, mas facilmente pode acontecer dentro de uma empresa ou na hora de falar com um cliente. O tom de voz da minha amiga e a forma como ela respondeu me afetou profundamente. Em vez de reagir impulsivamente, decidi me acalmar e esperar o momento certo para abordar o que havia me deixado muito chateada, escolhendo cuidadosamente as palavras que iria utilizar porque a intenção não era magoar, e sim entender o que havia acontecido. Qual foi o resultado dessa minha atitude? Quando finalmente conversei com ela, pude expressar claramente os pontos que me incomodaram. Surpreendentemente, ela não apenas compreendeu minha mágoa, como agradeceu pela forma que falei e tratei o assunto.

Onde está a comunicação assertiva nesse cenário? Segundo o website *Human Solutions*:

"Além das palavras ditas, o tom de voz, o ritmo e as pausas desempenham um papel significativo na forma como as mensagens são percebidas e interpretadas. Esses elementos sutis podem acrescentar camadas adicionais de significado e emoção à comunicação. Com isso, são capazes de influenciar diretamente a maneira como as mensagens são recebidas. Um diálogo aberto e respeitoso, os colaboradores sentem-se mais incentivados a expressar preocupações e opiniões. Isso não só previne mal-entendidos, mas também evita que pequenos desacordos se transformem em conflitos desgastantes." (FRANÇA, Sullivan. 25 de outubro, 2023)

Então, tanto a expressão verbal quanto visual transmite de forma clara e objetiva os pontos essenciais para aqueles que o ouvem e observam de maneira favorável. Assim, eles podem sentir confiança em suas palavras, promovendo o estabelecimento de um relacionamento sólido. Como desdobramento natural, essa pessoa pode até se tornar uma cliente.

Quando você presta atenção ao que veste, é possível irradiar autoridade, conquistando valorização e respeito. Como mencionado anteriormente, uma simples escolha não garante automaticamente autoridade. No entanto, ao alinhar intencionalmente sua imagem com sua competência, ao escolher roupas que refletem confiança e profissionalismo, você pode transmitir uma imagem de autoridade e competência. Mesmo que sua competência profissional ou sua simpatia sejam evidentes, se sua imagem não refletir essas qualidades, é provável que você não seja percebida da maneira que gostaria. Portanto, ao investir em sua imagem pessoal e selecionar cuidadosamente suas roupas, cores, linhas e formas, cabelo, bem como os tecidos escolhidos, você pode alterar a percepção das pessoas. Isso porque a imagem pessoal não se resume apenas a sua roupa, mas ao conjunto harmonioso apresentado.

Capítulo 4

Empreenda e Faça Networking

"Ter elegância não significa se destacar. Significa ser notado."

Giorgio Armani

Tudo começou quando ainda era uma brincadeira de criança e eu montei minha própria escola no terraço da minha casa e convidei as vizinhas, que eram mais novas do que eu, para ensiná-las. Naquele momento, obviamente eu não sabia o que era empreender, e nem nossa cultura ou nossos pais incentivaram a ter o nosso negócio desde cedo, como acontece aqui nos Estados Unidos, mas agora percebo que já atuava no mercado. Já tive minha própria clínica pediátrica para atender todas as minhas bonecas, já fui médica, vendedora, cozinheira e tantas outras profissões que tentamos ser enquanto ainda somos pequenos. Mas, muitas vezes não somos estimulados por nossos pais. Estamos enraizados no conceito do quanto é difícil empreender, e eles não mentiram. Mas, qual a profissão que não passa por sua dificuldade? Quem você conhece que já começou grande? Mesmo para aquelas pessoas que herdaram a empresa de seus pais, sempre houve alguém que passou por um processo desafiador e deixou sua marca na história da empresa.

De acordo com o artigo de Lucilene Maria do Carmo para o site Terra Empresas, Empreendedorismo: O Perfil do Empreendedor e a Longevidade, empreender quer dizer pôr em prática suas ideias e gerar um ou mais negócios.

Quando você cria algo e as pessoas começam a consumir seu produto ou serviço, elas compram porque você conseguiu resolver algum problema ou atender alguma necessidade específica como: vestuário, emocional, nutricional, auto expressão, educação, entretenimento, entre outras. Mas, e se sua imagem não estiver de acordo com o que vende? Será que elas vão se sentir confiantes e retornar?

Viviane Williams

Vender um produto é tão importante quanto fazer seu cliente voltar e ser constante. A sua imagem é o grande diferencial no seu pós-venda. Quantas vezes você criou expectativa em um produto e quando comprou se decepcionou? Quando casei, eu decidi eternizar o meu buquê com uma empresa do Brasil e ficou a coisa mais linda, porém, depois de um tempo ele começou a mofar e fiquei decepcionada. No entanto, quando entrei em contato com a empresa eles disseram "sem problemas, podemos resolver isso para você, não se preocupe." E eles resolveram super rápido e hoje tenho na minha sala esse acessório eternizado de um momento tão especial para mim. Então, dependendo da forma como a pessoa vai cuidar do seu problema, você com certeza vai retornar, comprar e indicar para outras pessoas quando precisarem desse serviço.

Nossa imagem não se trata apenas da forma como nos vestimos, mas ela é expressa em nosso comportamento e em nossas atitudes. Ser elegante também é expresso na forma como tratamos os outros, sejam eles nossos clientes, funcionários, colegas de trabalho ou sócios.

Empreender também nos ajuda a conectar com outras pessoas. Muitas vezes, nós tentamos e queremos separar a pessoa que somos do profissional e do pessoal, o nosso eu público do privado. Mas quando somos consistentes em nossas atitudes e comportamentos, isso vai ajudar as pessoas a sentirem que podem confiar em nós. Isso também nos dá a oportunidade de criar relacionamentos mais genuínos e significativos. Elas vão se sentir mais conectadas e confortáveis ao lidar com alguém que é transparente e verdadeiro em suas interações tanto *on* quanto *offline*.

Já admirou alguém que você segue em alguma rede social e teve a oportunidade de encontrá-la pessoalmente e ela não foi a mesma pessoa? Como se sentiu? Talvez frustrado por ela não ser o que parecia. A consistência entre nossa personalidade, valores e comportamentos cria uma imagem de coerência e integridade. Como diz o ditado "você leva uma vida toda para construir um nome e apenas alguns segundos para destruir." Se você tenta forçar ser uma pessoa ou ter um estilo que não te pertence, em algum momento não vai conseguir segurar isso por muito tempo e vai acabar prejudicando ainda mais sua imagem - sem falar a do seu negócio. Quando não precisamos criar um personagem diferente de quem somos, podemos nos expressar com mais clareza e assertividade, o que vai contribuir para nossa imagem de forma positiva.

Quando somos empreendedores, nosso nome é muito importante na construção da nossa imagem empresarial. Existem muitos fatores dentro de uma empresa que a torna uma marca forte, potente e diferente no mercado, mas através da nossa imagem muitas pessoas vão conseguir direcionar atributos positivos sempre que o seu negócio vier em suas mentes. São fatores importantes: seus valores claros e propósitos bem estabelecidos, oferecer qualidade nos serviços e produtos, trazer sempre inovações e criatividade. Acredito que esse último que vou citar é fundamental: a excelência no atendimento, seja antes, durante ou depois de você realizar seu serviço ou entregar o produto. A sua próxima venda para esse mesmo cliente depende da forma como você o trata.

Você escolheu empreender porque se preocupou com a necessidade do seu cliente, porque viu no seu serviço um diferencial e que poderia resolver a dor do outro. Ou mesmo porque sentiu essa necessidade e dor na própria pele.

Quando decidi empreender, eu entendi que o meu método de consultoria de imagem resolveria a dor da mulher quando ela quisesse, de fato, se vestir de si mesma. Porque nenhuma mulher pode se vestir de alguém que ela não conhece e pular a parte do desenvolvimento pessoal como se apenas estivesse vestindo alguém que não iria estar sendo sincera com ela mesma, isso seria como usar uma máscara que a impede de ser verdadeiramente sincera consigo mesma.

Inserir a análise corporal dentro da minha consultoria a torna exclusiva e inovadora. Descobrir sua essência é a parte fundamental da sua vestimenta. Você vai vestir segurança e conhecimento de si própria.

Empreender é você estimular os 5 sentidos dos seres humanos, proporcionando uma experiência única.

Quando as pessoas visitam a Disney, é quase inevitável que compartilhem suas experiências, e frequentemente se referem às filas imensas que enfrentaram. No entanto, o que torna a experiência da Disney única é como eles abordam essas longas esperas. Ao invés de simplesmente esperar passivamente, a Disney transforma a espera em parte integrante da própria atração. Há ambientes temáticos ao longo das filas, repletos de detalhes e elementos interativos que transportam os visitantes para dentro da história do brinquedo que está prestes a experimentar.

Além disso, a Disney também utiliza tecnologia avançada, como aplicativos móveis e filas virtuais, para otimizar o tempo de espera e proporcionar uma experiência mais fluida aos visitantes. Essas estratégias combinadas fazem com que as pessoas se sintam menos incomodadas com as filas, pois estão completamente imersas na magia e na diversão do parque, mesmo enquanto esperam aproveitar as atrações.

E qual o resultado? É que, apesar do preço que pagam pela entrada e das despesas adicionais, as pessoas continuam voltando à Disney. Essa experiência única proporcionada é tão memorável quanto emocionante que, por dia, 120 mil pessoas (segundo o blog "Vai pra Disney") estão dispostas a pagar o preço para viver e reviver esse momento encantador.

Já foi em algum lugar que tem um cheiro agradável e voltou várias vezes só porque ele conseguiu criar um sentimento afetivo em você? É sobre isso que falo. Aqui nos Estados Unidos as pessoas sempre conseguem ter experiências afetivas, sensoriais e emocionais, isso torna o país tão diferente e único. O que você tem criado para os seus clientes?

Morando aqui na Califórnia, passei a observar que muitas pessoas vêm de fora para ver e conhecer *Hollywood*, também muitas pessoas se esforçam para acompanhar a noite do *Oscar*. E o que é essa noite tão especial? Bom, é um momento de celebrar atores e atrizes que se dedicaram em aprender e conhecer novas profissões para dar o máximo aos seus personagens e que virou um grande sucesso em *Hollywood*.

Agora, pense nas empreendedoras ao começar seus negócios, será que elas já começam com toda a equipe montada?

Muitas vezes, ela começa a fazer um pouco de tudo e de tudo um pouco, assim como os atores no *Oscar*. A única diferença é que você não ganha nenhum prêmio pelo simples fato de começar, de fazer e de precisar aprender um pouco de tudo. Então, pensando nisso, eu criei um grupo de *network* onde as pessoas conseguem vivenciar uma noite do *Oscar*, porém, voltado para o empreendedorismo e *network*.

Ao entrar no restaurante, elas são recebidas com um tapete vermelho, são entrevistadas para falarem um pouco sobre o seu negócio e recebidas com champanhe, afinal, é uma noite de comemoração. Ao iniciar cada palestra, num total de 4, é iniciado o jantar e, em cada etapa, o chef explica cada prato, que é harmonizado com vinho. Deixamos um fotógrafo disponível para que elas possam tirar suas fotos nesse dia tão especial. Antes de encerrar o evento, entregamos o *Oscar* para cada mulher que dedica tempo e energia para o próprio negócio ou que se esforça para ser promovida na empresa em que trabalha. Em uma única noite, oferecemos para elas uma experiência única de se sentirem em *Hollywood*, de fazerem novos contatos (o famoso *networking*) com possíveis clientes, de terem uma experiência gastronômica e ainda aprenderem a se desenvolver profissionalmente por meio de palestras com especialistas de análise corporal, comunicação, *branding* e imagem pessoal.

Mulheres têm o significado de força, resiliência e sabem que possuem uma imagem poderosa e única para empreender. Elas podem chegar e se destacar em qualquer lugar que desejam, ou mudar o rumo de suas histórias a qualquer momento. Antigamente, o mundo dos negócios era predominantemente dominado pelos homens, mas esse cenário está mudando constantemente, com mais mulheres assumindo os papéis de liderança e contribuindo significativamente para o empreendedorismo e inovação.

Segundo o artigo de Hannah Wilson, publicado no site br.investing.com, uma em cada três empresas de alto crescimento no mundo é liderada por mulheres (GEM- Global Empreendedorismo Monitor). Em 2021, existiam cerca de 13 milhões de empresas de propriedade de mulheres nos Estados Unidos, correspondendo a 42% de todas as empresas (*National Association of Women Business Owners*). Empresas fundadas por mulheres no portfólio da *First Round Capital* (10years.firstround.com) tiveram um desempenho 63% superior ao de empresas fundadas por homens.

Um dos principais motivos que leva a mulher a empreender é ter sua liberdade financeira e, principalmente, ter mais tempo para se dedicar a sua família.

A seguir, compartilho com vocês o depoimento de Marcela Barros, empresária que deixou o trabalho CLT (Consolidação das leis do trabalho) e precisou repensar sua carreira para ter tempo de se dedicar ao seu grande amor, sua primeira filha. Ela decidiu que a melhor opção era enfrentar os desafios de empreender. Mas o que mudou na rotina dela? Como ela encarou todas essas mudanças? Em que área ela decidiu empreender?

Vamos descobrir juntas:

Sou de origem familiar humilde, criada por pais que trabalhavam duro empreendendo desde cedo, foi assim que aprendi a lidar com algumas responsabilidades. Uma delas foi cuidar da casa e de minha irmã enquanto meus pais trabalhavam, essa experiência foi única. Me ensinou lições valiosas sobre trabalho em equipe, sacrifício e o verdadeiro significado de cuidar. Quando me deparei com a escolha do que estudar para início da minha carreira profissional, decidi cursar química industrial na escola técnica de Pernambuco, mas logo percebi que esse não era meu dom, eu não seria feliz. E foi daí que, com muita vontade de ajudar e ter minha independência financeira, com 15 anos comecei a trabalhar com meus pais. Na época eles estavam abrindo uma loja de peças de moto, enquanto trabalhavam também como CLT. Naquele momento mais do que nunca precisavam de minha ajuda. Lembro muito bem de receber mercadoria, conferir nota fiscal, cadastrar produto e vender. Tudo isso numa esfera completamente diferente do universo de uma menina de 15 anos. Mas sim, eu tinha muita vontade e me dedicava para dar certo.

Quando fiz 18 anos o negócio já não existia mais e ainda assim eu continuava a trabalhar. Dessa vez substituindo minha mãe nas suas férias como auxiliar administrativa na empresa onde ela trabalhava. Não demorou muito, fui efetivada e, após 03 anos, atingi o cargo de supervisora administrativa. Mas aquilo ainda era pouco diante do que eu sonhava!

Logo depois fui convidada por um amigo a participar de uma seleção numa grande empresa farmacêutica como consultora de contas. Na hora topei! Mesmo sabendo que a pessoa a ser contratada seria responsável por todo litoral de Pernambuco, ou seja, viajaria muito de carro, eu fui.

A grande questão era que eu nunca tinha saído da cidade dirigindo um carro! Era habilitada, mas sem nenhuma experiência em estradas. Participei da seleção e fui contratada! Meu lema sempre foi: "mesmo sem saber como, se tiver que ser feito, eu farei". E assim começou a minha maior experiência profissional, aos 23 anos. A Cimed era um sonho, meus olhos brilhavam. Empresa familiar e de identidade única, focada no crescimento e na expansão com um ritmo de trabalho frenético. Em 10 anos saiu de 36º para 3º maior farmacêutica do país. Eu amava muito tudo aquilo, sentia um enorme senso de pertencimento.

Ali existiam grandes referências profissionais, começando pelo CEO, João Adibe; um vendedor e muitos outros executivos que me geriram. Atuei em grandes mercados, como Pernambuco, Sergipe, Bahia e Espírito Santo. Até que meu instinto materno falou mais alto. Eu nutri com muito amor o desejo de ser mãe e, em novembro de 2020, descobri que estava grávida. Quando retornei ao trabalho, depois da licença maternidade, fui convidada pela empresa a coordenar também o Rio de Janeiro, já que no Espírito Santo não existia cliente de grande conta que sustentasse o centro de custo. Pensei muito antes de tomar tal decisão, já que meu trabalho também era um grande amor e eu me sentia realizada.

Mas já existia prioridade maior na minha vida, minha filha. E eu não seria capaz de perder uma das fases mais importantes de sua vida. Foi aí que decidi não sair de perto dela. Fiz um acordo com a empresa que eu tanto amava, e que por 10 anos fez parte da minha vida, para me dedicar ao grande e verdadeiro amor da minha vida. E agora? Pensei. Passei várias noites pensando o que eu faria da minha vida. Porque afinal de contas, para alguém que por 20 anos trabalhou, acordar e não ter nada planejado, nem para onde ir, é uma das sensações mais estranhas da vida. Me perguntei: "O que fazer? Qual será meu propósito de vida agora?"

E mesmo não tendo um dia cheio, nem horário a cumprir, eu continuei a acordar cedo e fazer minhas atividades físicas como sempre às 05h da manhã. Era naquele lugar de treino, numa box

de Crossfit, onde eu depositava toda minha ansiedade e frustra-
ções, era ali que eu me renovava todos os dias. E isso me deixava
tão em paz, era uma sensação tão boa que eu comecei a querer
incentivar outros a sentir o que eu sentia.

Mas me perguntei: "Como vou fazer isso?" E ainda sem respostas comecei a analisar quais eram as minhas necessidades dentro daquele ambiente. E percebi que entre as marcas de roupas
que eu usava e as que eram mais acessíveis na região, nenhuma
delas me atendia 100%. Desde a modelagem até o estilo mais rús-
tico tradicionalmente usado no Cross, eu não me sentia bonita de
verdade, faltava algo. E comecei a perceber que o Cross já tinha
influenciado o público da academia, os shortinhos já faziam parte
do treino de musculação de forma mais intensa, mas o estilo mais
moderno, estiloso e arrumado da academia não tinha invadido a
box do Crossfit. Depois dessas análises, pensei: "Por que não?"

Eu conseguiria dar uma abrangência maior ao meu público e
sanaria a necessidade de muitas mulheres na box de Crossfit. Aí
estava minha oportunidade de negócio! Foquei e estudei muito,
foram vários testes de tecido, testes de modelagem, passei por várias facções procurando o melhor serviço. Foram 8 meses trabalhando duro até a primeira produção teste. Mas ainda existiam
outras etapas. E depois da peça pronta, onde vou vender? No online talvez demorasse mais para ter visibilidade; no físico, em loja
de rua ou shopping, o custo seria mais alto. Como vender aquelas
peças? Como abordar as pessoas?

Então, novamente, dentro da box pensei: "Se já estou aqui, por
que não abrir o meu negócio aqui mesmo?" Nesse momento eu já
compartilhava meu projeto com algumas amigas e elas amaram a
ideia. Falei com o dono da box e logo ele comprou a ideia e facili-
tou a realização desse novo sonho. Aluguei a sala dentro da box,

montei uma mini loja e no primeiro mês me surpreendi com o faturamento. Mas os planos não pararam por aí, agora o site está em construção e com vários outros planos de expansão de vendas. Quando olho para trás percebo como consegui tirar proveito de todos os momentos da vida, dos bons e dos mais desafiadores, sem perder de vista minha essência, dando prioridade para o que era valioso.

Aprendi que a disciplina e a vontade são as maiores forças capacitadoras da execução de sonhos. Não desistam! Nós estamos em constante evolução. O que era um sonho 12 anos atrás, o trabalho numa grande empresa, ser uma grande executiva, passou; ainda assim, consegui ser minha melhor versão empreendendo. Realizei mais um sonho, sou dona do meu próprio negócio e tenho independência financeira, sem abrir mão dos meus valores. Desejo inspirar mulheres a se tornarem sua melhor versão. Nunca parem, esse é o segredo!

Marcela Barros - Empresária

Construindo pontes profissionais, faça Networking!

Para desbravarmos o intrigante universo do *networking* precisamos, antes de tudo, compreender o verdadeiro significado de *network* que quer dizer "rede de trabalho". Quando falamos de rede, o que vem a nossa cabeça? E o que isso tem a ver com *network*?

Estamos imersos em um mundo interconectado, hoje a palavra *network* transcende a simples noção de uma rede profissional, ela se entrelaça a analogias fascinantes, como uma rede de pescar. Assim como um mestre pescador delicadamente entrelaça sua rede, lançando-a nas águas para capturar peixes, nós, navegadores do cenário profissional, devemos construir nossas próprias redes - verdadeiras teias de relacionamentos para capturar oportunidades.

A construção de um *network* sólido está entrelaçada a nossa imagem pessoal. À medida que navegamos entre diversas personalidades, trocamos ideias e experiências, esculpimos a percepção que os outros têm de nós. Tal qual um pescador confia na robustez de sua rede para uma pesca farta, depositamos nossa confiança na solidez do nosso *network* para abrir portas e criar oportunidades.

No contexto do *network*, não estamos falando apenas de uma série de contatos comerciais, mas de uma teia complexa de conexões humanas, experiências e aprendizados. Cada nó em uma rede de pescar tem um papel vital, assim como cada indivíduo em nossa rede profissional pode contribuir para o nosso crescimento e sucesso.

Mas construir e manter uma rede eficaz demanda mais do que esforço, exige uma mudança estratégica. Devemos ser astutos em nossas interações, cultivar relacionamentos genuínos ao longo do tempo. Essa rede não é apenas uma fonte de oportunidades profissionais, é uma influência direta na nossa imagem pessoal.

Um *network* bem trabalhado reflete não só a quantidade, mas principalmente a qualidade das conexões. Cada pessoa em nossa rede é como uma peça valiosa em um quebra-cabeça complexo que é a nossa jornada profissional. Essa teia de relações, assim como uma rede de pescar habilidosa, pode ser a chave para atingir nossos objetivos, forjar colaborações frutíferas e vencer desafios.

Portanto, da mesma forma que um pescador valoriza a qualidade de sua rede para garantir uma pesca abundante, devemos priorizar a construção de um *network* sólido para enriquecer nossa carreira e, por conseguinte, nossa imagem pessoal. Ao tecer relações significativas, lançamos as bases para o crescimento pessoal e profissional, construindo uma rede que sustentará nossos objetivos ao longo do tempo.

Em meio a tudo isso, devemos lembrar do prazer que é falar com pessoas, o primeiro passo para embarcar nessa jornada de *networking*. E amar profundamente o que faz. Essa paixão é a faísca que incendeia a comunicação, fazendo com que, mesmo entre milhares que oferecem o mesmo, sua autenticidade brilhe.

Lembro-me do dia em que finalmente venci a timidez. Essa conquista foi um marco que transformou cada mensagem enviada em uma oportunidade de aprendizado. Antes, a hesitação e o medo de errar me impediam de buscar novas experiências, mas ao superar essa barreira, comecei a me comunicar com confiança, sem receios. Mesmo quando os ganhos financeiros eram escassos, eu percebia o valor das interações e das oportunidades de crescimento que surgiam.

Superar a timidez não trouxe benefícios econômicos imediatos, mas abriu portas para um conhecimento valioso. Cada conversa, cada troca de ideias, era uma chance de aprender algo novo e crescer. Focar exclusivamente nos números pode nos cegar para a riqueza escondida nas experiências. Muitas vezes, é fácil perder de vista o verdadeiro valor das lições aprendidas ao longo do caminho.

Cada pessoa que encontrei, cada mentora que compartilhou sua sabedoria, contribuiu de maneira significativa para meu desenvolvimento pessoal e profissional.

Amo interagir com pessoas, e esse é o ponto de partida para entrar no mundo do *networking*. E você, apaixona-se pelo que faz? Acredito que é fundamental ter paixão pela sua atividade, pois ao compartilhar sua visão com os outros, conseguirá expressar-se de maneira autêntica, levando as pessoas a se encantarem pelo seu serviço ou produto, mesmo que haja uma multidão fazendo algo semelhante. Lembre-se, você é único e precisa valorizar essa autenticidade.

Agora, como você pode vencer a sua timidez para fazer *networking* dar certo?

O primeiro passo é entender que nossa timidez, muitas vezes, pode ser vista como insegurança, o que pode prejudicar seus negócios e sua imagem.

Mas você pode pensar: "Eu não sei o que dizer."

O que você pode fazer? Sabe aquele amigo para quem você conta abertamente sobre seus pensamentos e ideias? Qual seria esse tipo de amigo? Um fato é que as pessoas registram em sua memória muito mais como elas se sentiram ao conversar com você. Então, escute com atenção o que ela está falando.

Você também pode pensar: "As pessoas vão me achar chata."

O que você pode fazer? As pessoas sempre vão ter alguma opinião, seja você sendo tímido ou não. Afinal, você já causou uma primeira impressão nelas. Então, aproveite a oportunidade que tem de ser ouvido e permita que elas conheçam a pessoa incrível que você é. Nós temos o péssimo hábito de nos julgar e nos cobrar muito mais do que fazemos com os outros. Quando agimos assim, nos colocamos em uma posição errada. Ou, talvez, você também esteja julgando as pessoas de uma maneira equivocada.

Então, se quiser vencer a timidez na hora de se conectar com outras pessoas, você precisa parar de se comparar com os outros. Afinal, você não precisa ser igual a todo mundo e também pode desenvolver novas habilidades, como a comunicação. Agora, vamos para a segunda dica que pode te ajudar: seja mais observador. Veja como as pessoas que têm facilidade em se conectar estão se desenvolvendo. O que você pode aprender com elas? Como elas iniciam uma conversa? E como você pode fazer para desenvolver essa habilidade?

Assim, você vai perceber que elas começam fazendo perguntas, e isso pode ser o terceiro passo para você começar a desenvolver seu *network*. Eu era tímida, mas quando percebi que o meu desejo era fazer com que as pessoas entendessem a importância da imagem pessoal com meu *network*, fiz 8 palestras no Brasil e 2 aqui na Califórnia.

Então, para que serve o *networking*?

- Para você criar conexões reais
- Aumentar as oportunidades profissionais
- Ter visibilidade e credibilidade
- Desenvolver-se pessoalmente e profissionalmente
- Troca de conhecimento
- Ter acesso a outras capacitações

Como fazer um bom networking?

- Ser um bom ouvinte
- Manter contato regular
- Ter consciência e comprometimento
- Entendendo que é uma troca
- Ser proativo e aberto
- Gerar conexões
- Ter objetivos claros
- Fazer perguntas abertas
- Esteja atualizada

Vista-Si

Capítulo 5

A sua imagem tem poder

"Descubra quem você é e seja você de propósito."

Dolly Parton

Chegou o tão esperado dia 15 de outubro de 2018, o momento marcado para o nosso primeiro encontro. Sim, ele estava vindo da Califórnia para me conhecer em Recife. Era a ocasião em que finalmente iria conhecer aquele que possivelmente se tornaria meu futuro marido, embora naquele momento eu ainda não tivesse certeza absoluta. Desejava que guardasse uma boa lembrança de mim, que ao me olhar, aquela imagem se fixasse em sua mente como um momento especial para ambos.

E claro que o que realmente importa é quem somos internamente, mas a nossa imagem, especialmente nesse primeiro momento, tem um impacto significativo. E quando falo de imagem, não me refiro apenas a beleza exterior, mas sim a mensagem que essa imagem deveria transmitir naquele momento. O objetivo era causar um impacto que confirmasse a coerência entre a pessoa com quem ele falava por vídeo chamada e a pessoa que ele conheceria pessoalmente. Afinal, a primeira impressão é fundamental, não apenas em termos estéticos, mas também em relação a autenticidade e coerência da nossa imagem.

Dias antes, já havia pensado no que vestir e, mesmo assim, eu não tinha certeza se ele iria gostar, se eu também iria gostar do nosso encontro. Arrumei os cabelos, fiz as unhas e, muito nervosa, ao enrolar os cabelos, deixando-os com linhas curvas (pois trazem romantismo, leveza, flexibilidade e acessibilidade), eu queimei a minha mão! Fiquei chateada, porque meu perfeccionismo deu um "piti" de aborrecimento, já que eu não queria demonstrar meu nervosismo. Mas, não tinha muito o que fazer, então eu relaxei, sorri e fui com três amigas para buscá-lo no aeroporto. Nós nos atrasamos, mas fomos rindo, todas com muita tensão e curiosidade de como seria aquele momento único e marcante. E como todas as amigas, elas não paravam de me fazer perguntas do tipo "Como está se sentindo? Tá nervosa? Tá pensando em quê? Tu já sabe o que vai falar quando se encontrarem?" Quando, finalmente, chegamos no aeroporto de Recife, fomos correndo para o portão de desembarque e fiquei esperando ele chegar.

Quando nos olhamos a primeira vez, eu abri aquele sorriso que me veio na mente "Meu Deus, e agora? O que faço?" Calmamente, esperei. Eu vestia uma calça preta e uma blusa prateada de mangas até o ombro que era, de certa forma, discreta. Meu cabelo estava partido ao meio, combinando com uma maquiagem básica e um salto. Quando ele chegou, correu para me abraçar e logo subimos para a praça de alimentação para, finalmente, conversar um pouco. Logo depois, eu e minhas amigas o deixamos no hotel; posteriormente, nos encontramos com minha família e jantamos todos juntos no restaurante. Ele nunca havia me falado qual a percepção ou o que ele tinha achado de mim na primeira vez que nos encontramos, até que anos depois de casados ele me disse que, quando me viu, teve certeza de que eu era mulher para casar. Sim, nossa imagem tem poder atribuído ao nosso comportamento e comunicação, tem o poder de atrair as pessoas ou afastá-las, se não estiver de modo harmônico.

Em muitos momentos as pessoas vão reagir a nossa imagem antes mesmo de entender como somos e funcionamos, por isso nossa imagem é poderosa.

De acordo com o artigo escrito por Giovanna Fischborn, "Quando a Emoção Fala Mais Alto: saiba como funciona a amígdala cerebral, publicado no Correio Braziliense em 2022, uma emoção acontece em 0,25 segundos. Em 0,50, é possível reconhecer que emoção é essa e, em 1 segundo, tomar uma decisão a respeito. O cérebro todo age nesse processo, mas há um grupo de neurônios que está especialmente ligado ao assunto: as amígdalas cerebrais e fazem parte do sistema límbico, que é, justamente, responsável pelas respostas emocionais. Conhecido como "cérebro emocional", reúne estruturas reguladoras — entre elas, as amígdalas — da conduta e das emoções de um indivíduo. Fischborn salienta que esse é o sistema relacionado a impulsos básicos e comportamentos emocionais. As amígdalas são, sim, uma das estruturas mais importantes nas respostas emocionais relativas ao comportamento social humano.

Segundo o artigo do *Faster Capital*, "Como o Cérebro Processa Informações e Emoções" (fastercapital.com), as emoções desempenham um papel significativo na tomada de decisões. A amígdala, uma parte do cérebro envolvida no processamento das emoções, pode influenciar as nossas escolhas, atribuindo valor emocional a diferentes opções. As emoções podem afetar a forma como percebemos, processamos e lembramos informações, como avaliamos riscos e recompensas e como interagimos com outras pessoas. As emoções também podem desencadear respostas fisiológicas, como alterações na frequência cardíaca, pressão arterial e condutância da pele, que podem ser medidas por ferramentas de neuromarketing. Por exemplo, quando estamos felizes, tendemos a ser mais otimistas, criativos e generosos, enquanto quando estamos com raiva, tendemos a ser mais impulsivos, agressivos e tendenciosos. As emoções também podem influenciar as nossas preferências e lealdade, pois tendemos a favorecer produtos, marcas e pessoas que provocam emoções positivas e evitamos aqueles que provocam emoções negativas.

O sistema de processamento de informações pode afetar o sistema emocional, desencadeando associações, memórias e expectativas positivas ou negativas. O sistema emocional pode afetar o sistema de tomada de decisão, melhorando ou prejudicando o desempenho cognitivo, o julgamento ou a assunção de riscos. O sistema de tomada de decisão pode afetar o sistema de processamento de informações e o sistema emocional, reforçando ou corrigindo crenças, atitudes ou sentimentos.

Foi assim que eu trouxe muitas memórias de acessibilidades para meu esposo, pois o fazia lembrar de sua querida e amada mãe, mesmo que ela e eu sejamos muito diferentes. Quando nos relacionamos com alguém, buscamos referências de nossos pais. Então, a imagem trouxe esse conforto e acessibilidade para ele. Por isso a nossa imagem é tão poderosa.

Quando olhamos no espelho e analisamos nossa imagem, é uma oportunidade de olhar para nosso interior e ver como podemos evoluir como pessoa. A forma como nos apresentamos é de extrema importância para nossa vida e para com quem convivemos.

Nossa imagem é como uma banda que vai tocar em um evento. Imagina que só vai o cantor se apresentar à capela a noite toda, sem ajuda dos músicos. Talvez você nem se interesse em ir, porque não seria bom; mas quando junta a banda e o cantor, forma-se uma bela canção. É preciso harmonia para que seja bom aos ouvintes, assim também visualmente. Ou podemos melhorar: você já tentou cantar sem ter esse dom? O que as pessoas normalmente falariam? "Você gosta de cantar?" Você falaria: "Sim!". Sua amiga responderia: "Hahaha, então vá aprender, amiga." Isso quer dizer que todos nós precisamos de técnica para cada profissão. A banda precisa dos músicos e você precisa de um consultor de imagem para entender o que fica mais harmônico no seu visual. Um único elemento não fará diferença no seu visual ou não trará o objetivo que você deseja.

Teve algo que me despertou muito para olhar para a minha imagem e dar essa importância: sempre que decidia me arrumar, os americanos elogiavam, como "Você está linda! Amei sua blusa! Amei seu vestido!". Esses e tantos outros comentários me fizeram cuidar de mim e da aparência, assim comecei a me preocupar em estar bonita.

Nossa imagem é capaz de fazer mais do que imaginamos. Ela pode aproximar as pessoas ou afastar, aumentar ou diminuir nossa presença, nos esconder ou nos fazer destacar, nos proteger ou chamar atenção. A maneira como nos apresentamos ao mundo tem um impacto profundo como somos percebidos e como interagimos uns com os outros. Independente do tempo, da globalização, da tecnologia, do avanço da internet, sabe o que cada vez mais buscamos? Individualidade!

Individualidade se refere a características únicas e distintas de cada pessoa, que as diferencia das demais, como as características físicas, emocionais, mentais, os valores, experiências e escolhas pessoais. É isso que torna um ser humano único em sua forma de pensar, agir, sentir e se relacionar com o mundo ao seu redor.

Que tal parar um pouco agora e pensar na sua individualidade? Com a vida corrida e tantas obrigações que precisamos fazer, muitas vezes esquecemos nossa autenticidade ou o que nos torna únicos.

Pare um pouco e analise:

Qual é a sua individualidade? Quais são suas características que você acredita serem únicas?

Abaixo eu listei algumas características que podem ser consideradas boas e ruins, lembrando que a percepção de "boa" ou "ruim" é subjetiva e pode variar de pessoa para pessoa. O importante é reconhecer a complexidade e a individualidade de cada pessoa. Marque se você tem essa qualidade ou se precisa desenvolver, então, escreva como você poderia desenvolvê-la.

1. Empatia:

Boa capacidade de compreender e compartilhar os sentimentos dos outros.

Como você poderia desenvolvê-la?

____

____

2. Determinação:

Persistência e foco em alcançar metas, mesmo diante de desafios.

Como você poderia desenvolvê-la?

____

____

3. Honestidade:

Integridade e sinceridade em suas ações e comunicações.

Como você poderia desenvolvê-la?

____

____

4. Criatividade:

Habilidade de pensar de forma inovadora e encontrar soluções originais.

Como você poderia desenvolvê-la?

____

____

5. Resiliência:

Capacidade de se adaptar e se recuperar rapidamente diante de adversidades.

Como você poderia desenvolvê-la?

____

____

6. Altruísmo:

Tendência a agir em benefício dos outros, mostrando generosidade e compaixão.

Como você poderia desenvolvê-la?

____

____

7. Habilidade de Comunicação:

Capacidade de expressar ideias de forma clara e eficaz.

 Como você poderia desenvolvê-la?

____

____

8. Autoconhecimento:

Consciência e compreensão profundas de si mesmo, suas forças e limitações.

Como você poderia desenvolvê-la?

____

____

9. Egoísmo:

Tendência a priorizar os próprios interesses em detrimento dos
outros.

Como você poderia melhorar?

____

____

10. Impulsividade:

Tomada de decisões sem considerar completamente as consequências.

Como você poderia melhorar?

____

____

11. Rigidez:

Falta de flexibilidade e resistência a mudanças ou novas ideias.

Como você poderia melhorar?

____

____

12. Arrogância:

Atitude de superioridade e menosprezo em relação aos outros.

Como você poderia melhorar?

____

____

13. Falta de Empatia:

Incapacidade ou relutância em compreender as emoções dos outros.

Como você poderia melhorar?

____

____

14. Falta de Responsabilidade:

Recusa em assumir as consequências de suas ações.

Como você poderia melhorar?

---

14. Comunicação Ineficaz:

Dificuldade em expressar ideias de forma clara ou em ouvir os outros.

Como você poderia melhorar?

É importante lembrar que essas são generalizações e que cada pessoa é única, com uma combinação sem igual de características. O julgamento de "bom" ou "ruim", muitas vezes, depende do contexto e das circunstâncias específicas em que essas características são expressas.

Identificar a sua individualidade é importante na imagem pessoal, porque isso não apenas cria uma representação autêntica de quem você é, mas também contribui para uma série de benefícios psicológicos, sociais e emocionais. Isso não significa seguir padrões rígidos, mas sim celebrar e expressar o que faz de você uma pessoa única.

Afinal, sua imagem tem poder! Não esqueça nunca da pessoa incrível que você é!

87

Ter a melhor imagem, é ser você.

O seu melhor estilo

é o que reflete você.

Valorizar o seu potencial começa por você.

Vestir, só se for de você!

Capítulo 6
Sua imagem empresarial ou corporativa

"Uma mulher negócios precisa de uma mistura bem-sucedida de design e praticidade."

Donatella Versace

Todo domingo à noite ou segunda pela manhã você faz a mesma pergunta: O que vou usar para trabalhar? Por que é tão difícil achar uma roupa para trabalhar? Por que você nunca tem nada? Ou melhor, por que suas roupas estão sempre batidas? Você nunca explorou suas peças para trabalhar?

Nossa imagem precisa ser intencional e estratégica, não se deve manipular a nossa imagem, mas entender o que se deseja transmitir. Por exemplo: Qual a história você tem contado através de sua imagem? Toda história tem uma narrativa e ao escolher a roupa, acessórios, sapatos, cores, as linhas do nosso cabelo e o tecido da roupa estamos descrevendo ou falando quem somos para as pessoas. Ser intencional é você gerenciar a forma que se apresenta ao mundo.

Muitas pessoas decidem vestir suas roupas de academia e resolver algumas tarefas antes de começar a treinar, de forma intencional. Isso porque essa ação as motiva a praticar exercícios físicos. Da mesma forma, nossa imagem intencional pode ter esse efeito quando nos olhamos no espelho e instantaneamente vemos uma imagem bonita refletida. Isso ocorre porque todas as escolhas que fizemos em relação às texturas, caimentos, cortes e cores influenciam diretamente nessa sensação. No entanto, é importante ressaltar que, com o auxílio de um profissional, você será capaz de realizar escolhas mais acertadas.

Portanto, para transmitir essa imagem intencional, é importante analisar alguns pontos-chaves:

O objetivo que deseja alcançar, seja ele para conseguir um novo emprego, uma promoção, construir uma nova rede de contatos ou fortalecer seu *networking*, ou simplesmente vestir-se de forma autêntica e mais confiante.

Pensar na mensagem que deseja transmitir, considerando os valores que deseja expressar, tanto por meio de sua aparência quanto de seu comportamento.

Quando se trata de ser intencional sem manipular a imagem, é essencial que esse comportamento e a mensagem que você deseja transmitir sejam consistentes, para que sejam percebidos de forma clara e eficaz.

Desenvolver primeiro uma imagem pessoal intencional antes de criar uma imagem estratégica é crucial, pois estabelece uma base sólida e autêntica para o seu processo de construção de imagem. Essa abordagem inicial permite que você se conheça melhor, entendendo suas preferências, valores, pontos fortes e áreas que precise melhorar. Além disso, ao inserir a análise corporal nesse meu método de consultoria de imagem, você ganha um entendimento mais profundo dos traços de sua personalidade, o que fortalece a conexão com seu verdadeiro eu. Essa base de autoconhecimento é essencial para criar uma imagem pessoal autêntica e alinhada com quem você é realmente.

Você já desejou ser lembrada pela sua imagem? Já se perguntou como ser percebida? Após compreender a importância de uma imagem pessoal intencional, é fundamental desenvolver uma imagem pessoal estratégica para alcançar os objetivos profissionais desejados. Essa estratégia não apenas influenciará a percepção do consumidor, mas também impactará suas decisões de compra, seja em relação ao seu produto ou seu serviço.

Portanto, para transmitir essa imagem estratégica, é importante analisar alguns pontos-chaves:

Para estabelecer uma imagem pessoal estratégica eficaz é fundamental começar definindo seu público-alvo e compreendendo profundamente seus interesses. A verdade é que só podemos verdadeiramente conectar com um determinado público quando compartilhamos interesses em comum, portanto, entender suas necessidades, preferências e valores é crucial.

Ao criar uma imagem estratégica, é essencial manter consistência e autenticidade em todas as interações, tanto *online* quanto *offline*. Isso significa ser a mesma pessoa nos vídeos e pessoalmente, garantindo coerência e honestidade de quem você é.

Outro aspecto vital dessa estratégia é garantir que seu 'sim' signifique realmente 'sim'. Isso implica cumprir com suas promessas feitas aos clientes ou seguidores, o que contribui significativamente para gerar confiança, comprometimento e demonstrar profissionalismo.

Para manter uma abordagem intencional e estratégica em sua imagem pessoal, é essencial seguir um código consistente que promova resultados positivos continuamente. Isso significa entender que cada contexto exige uma escolha de vestimenta adequada. Por exemplo, seria inapropriado comparecer a um casamento de biquíni, o que seria considerado completamente desrespeitoso. Em cada ambiente que frequentamos, é crucial estar vestido de acordo, demonstrando respeito e transmitindo uma imagem positiva e adequada.

Primeiro, é importante entender a importância do *dress code* e o que é.

O que é o *Dress Code*?

No português, essa palavra significa código de vestimenta. Por exemplo, quando você vai para um casamento, será que usaria uma calça jeans e uma blusa qualquer? Obviamente não. Eu espero que você nunca faça isso. Mas, por quê? Porque naquela ocasião existe um código de vestimenta. Para ficar mais fácil e você sempre saber como deve se vestir, tente imaginar como o anfitrião da festa estará vestido, assim será mais fácil para você basear o seu *dress code* naquela ocasião.

Por que é importante?

É através do código de vestimenta que passamos a imagem desejada ao mercado e aos nossos clientes. Por isso, é importante salientar que no ambiente corporativo é de extrema importância porque o profissional deve se sobrepor ao indivíduo, já que será um reflexo da imagem da empresa. Isso pode fortalecer a imagem que as pessoas têm de sua empresa e fortalecer ainda mais sua presença dentro do mercado. Mas, existem alguns tipos de *dress code* que é importante você saber.

Tipos de vestimenta nas empresas

Em alguns lugares é normal as empresas ou os próprios funcionários preferirem usar uniforme, isso ajuda bastante. Mas, como deixar esse uniforme mais refinado?

Por exemplo, se seu uniforme for apenas uma camiseta ou uma camisa polo, você pode trazer para esse *look* peças mais formais como: peças de alfaiataria, uma terceira peça, um cinto e/ou pode optar por usar sapatos mais formais, como um *slingback* ou um mocassim. Mas, se no seu caso o uniforme for completo, você pode melhorar sua imagem alinhada mantendo-o sempre limpo e bem passado. Os cabelos devem estar sempre bem penteados, a maquiagem deve ser leve, as unhas limpas; pode investir em acessórios, mesmo que pequenos; isso vai trazer mais personalidade para seu visual.

É sempre importante que suas vestimentas estejam de acordo com a cultura, valores e a imagem de sua empresa. E sim, existem diferentes tipos de *dress code* para cada tipo de perfil de organização.

Formal Clássico

Para transmitir confiança e sofisticação, esse código de vestimenta adota um alto nível de formalidade e se mantém fiel à tradição. Ele segue uma linha conservadora, exigindo muita atenção aos detalhes e à qualidade das roupas. Este estilo é amplamente utilizado por executivas de alto padrão, como CEOs, para refletir profissionalismo e autoridade

Formal Contemporâneo

É uma evolução do estilo clássico, sendo influenciado por tendências modernas, mas claro que sem abandonar a formalidade. Ele incorpora conforto, individualidade e um toque de modernidade, equilibrando a elegância e o conforto. Nesse código de vestimenta, há espaço para expressão pessoal, mantendo a sofisticação e o profissionalismo intactos.

Casual Profissional

Conhecido como o *easy chic*, é elegante sem ser excessivamente formal. Poderíamos mencionar que ele é ideal para empresas que têm uma cultura mais descontraída ou para aqueles dias específicos que você pode usar um jeans de modo moderado e de boa qualidade, por exemplo, quando não é necessário usar roupas formais.

Esporte Profissional

Código de vestimenta mais flexível, que poderíamos denominar como *business casual* ou *smart casual*, porque as roupas são mais leves, ou seja, o estilo de vestimentas fica entre o casual e o formal. Ideal para empresas com uma cultura mais descontraída ou para eventos empresariais informais.

Super Informal

Esse é o código de vestimenta em que a formalidade não é uma exigência, então ele é mais descontraído e casual. Aqui é permitido que as mulheres se expressem da forma que desejarem, livre e sem preocupação com regras de vestimenta. No entanto, esse código nos levanta um questionamento importante: onde você deseja chegar? Lembrando que sua imagem pode impactar positivamente e deve estar refletindo você.

Nossa competência precisa estar alinhada com nossa aparência. Nossa imagem precisa comunicar aquilo que desejamos.

A primeira impressão traz algumas sensações positivas e julgamentos baseados nos poucos segundos que te encaram, julgam sua classe social, situação financeira, personalidade e o nível de sucesso. Isso quer dizer que, após essa avaliação rápida, pode-se abrir uma porta ou fechar.

É verdade que a imagem empresarial está ligada à competência e várias habilidades que a pessoa apresenta, mas é importante que ela tenha elegância. Sim, a elegância tem como princípios fundamentais o uso de boa qualidade na vestimenta, detalhes nos cuidados da peça, o corte, a estrutura, evitar exageros, seja em estampas como em acessórios.

Mas, podemos mencionar que o ponto alto da elegância também está direcionado ao comportamento. De nada adianta você estar vestido com peças de alta qualidade e não ter um bom comportamento, ou não ter educação. Na verdade, a elegância é a junção de comportamento com a sua aparência física. Então, cuide para ter uma boa postura, assim usará a linguagem corporal correta. Quantas vezes você sentou e não estava com a coluna ereta e, sem perceber, estava passando insegurança e não sabia? Sim, o nosso corpo também transmite mensagem e ter uma coluna ereta vai transmitir confiança, segurança e respeito. Ter aquele contato olho no olho e controlar nossas mãos contribui para que não demonstremos nervosismo ou impaciência.

Quantas vezes no papo com as amigas você falava muito alto e alguém pediu para falar mais baixo? A comunicação verbal é um momento importante para transmitir nossos pensamentos, ideias, criatividade e soluções e essa comunicação pode ser falada ou escrita. Por isso, é importante se atentar em não falar nem tão alto e nem alto. Como tudo na vida precisamos encontrar o equilíbrio, falar de modo claro, com calma e não só falar, como também ser um bom ouvinte. Será muito educado de sua parte e isso vale não só para a empresa, mas como para atender a necessidade do seu cliente.

Sabe um problema que tinha e que precisei aprender e me planejar muito melhor? A pontualidade. Isso é levado muito a sério aqui nos Estados Unidos e isso demonstra falta de respeito com quem está esperando. Por isso, seja pontual. A elegância também exige que saibamos usar os talheres na mesa, evitar falar e mastigar.

Ser discreto, gentil, ter consideração pelos outros, evitar qualquer tipo de comentário que possa ofender alguém. É muito comum hoje, nas redes sociais, você sair comentando o que acha no perfil de outra pessoa, mas se não é da sua conta e você deseja ser uma pessoa mais elegante, então, não comente. Ter empatia pelos sentimentos dos outros não é só elegante, mas mostra que você tem educação. Esse tipo de comportamento pode evitar muitos atritos dentro da empresa.

Independente do nosso código de vestimenta, desde o mais formal até o mais informal, é fundamental que nosso comportamento esteja em harmonia com nossa aparência.

A conexão entre comportamento, aparência e elegância não é recente. Ao estudarmos a história, podemos observar que essa relação remonta a períodos anteriores, quando já não existiam distinções claras entre as classes sociais. A vestimenta e o comportamento eram indicadores visuais que diferenciavam os ricos dos pobres. Quantas vezes nos deparamos com filmes em que a protagonista precisa adotar certas normas de etiqueta para ser aceita em determinados círculos sociais?

Atualmente, no contexto empresarial, embora a distinção quanto a vestimenta tenha diminuído, a importância da educação e etiqueta ainda é evidente. A qualidade das roupas não necessariamente reflete a educação das pessoas que as vestem, e isso pode gerar ruídos na percepção de sua imagem. Ou seja, a mensagem que elas desejam transmitir pode ser interpretada de maneira diferente.

Nossa imagem empresarial é um reflexo profundo dos valores que cultivamos ao longo da vida. Cada escolha, cada ação, molda a percepção que os outros têm de nós, da nossa empresa ou da qual representamos. A confiança é um dos pilares mais importantes dessa imagem. É crucial não apenas gerar confiança nas pessoas com as quais interagimos, mas também zelar pela confiança que depositam em nós e em nossa capacidade de entregar resultados excepcionais. Em um mundo onde o tempo é um recurso precioso e, muitas vezes, escasso, ter uma imagem de sucesso significa oferecer mais do que um simples serviço ou produto: significa ser uma referência de integridade, qualidade e comprometimento.

A excelência é uma busca constante. Devemos ser exigentes conosco e com a qualidade do serviço que oferecemos. Cada detalhe importa, desde o primeiro contato, a conclusão do serviço e pós-atendimento. São essas pequenas diferenças que fortalecem a percepção do cliente.

Recordo de minha experiência quando trabalhei alguns anos atrás em uma companhia aérea, onde a importância de tratar bem os passageiros era constantemente enfatizada. Decidi internalizar que estava cuidando dos sonhos das pessoas. Cada *check-in* era uma oportunidade para proporcionar uma experiência especial, seja recebendo os passageiros com o sorriso no rosto ou oferecendo consolo àqueles que estavam enfrentando momentos difíceis. Essa abordagem transformou não apenas a experiência dos passageiros, mas também a minha própria percepção de trabalho. Hoje, quando viajo, espero encontrar o mesmo cuidado e atenção aos detalhes, pois sei o impacto que isso pode ter na minha jornada.

No entanto, infelizmente, nem sempre encontramos o nível de serviço que esperamos. Muitas vezes, mesmo quando os funcionários estão bem vestidos e aparentemente treinados para oferecer o melhor atendimento, algo parece estar faltando. Isso nos leva a refletir sobre a importância não apenas de seguir um roteiro, mas de genuinamente se importar com as pessoas e com a qualidade do serviço que oferecemos.

Por fim, é fundamental entender que o sucesso na nossa imagem empresarial vai além dos números e lucros. Está intrinsecamente ligado ao nosso posicionamento no mercado, a forma como nos relacionamos com clientes, colaboradores e comunidade, e a imagem que construímos ao longo do tempo. Nossa missão e visão devem ser mais do que meras palavras em um planejamento estratégico; devem ser princípios que guiam a cada ação e decisão, refletindo e fortalecendo nossa imagem empresarial ou corporativa.

Como uma imagem empresarial pode refletir positivamente nos negócios? E como esses impactos podem trazer resultados financeiros significativos? Para mostrar esses pontos, que tal conhecer na prática a história de uma mulher que fez a sua transição de carreira e se tornou uma empreendedora que transformou sua imagem pessoal e empresarial, alcançando um sucesso notável?

Não é só você conhecer seu estilo, é melhorar a sua imagem, pois tudo comunica, e alinhar a sua imagem aos seus valores e a missão de seu negócio, cria uma presença coesa e autêntica que ressoa ao seu redor.

Agora, vamos explorar a jornada inspiradora de Mila Moura, uma profissional que deixou uma carreira estável na Polícia Federal para seguir seu sonho de desenvolver e capacitar outras mulheres. Através de uma estratégia cuidadosa de reformulação de sua imagem, Mila não apenas se destacou no mercado, mas também conquistou a confiança de muitas mulheres e investidores, impulsionando seu empreendimento a novos patamares de sucesso. Sua história é um exemplo claro de como a imagem pessoal e empresarial pode ser um diferencial crucial para quem busca se estabelecer e prosperar no mundo dos negócios.

Uma história de imagem intencional e estratégica, será que tem resultado?

Sou Mila Moura, uma ex-policial federal que, depois de 15 anos, deixou o serviço público para se dedicar ao desenvolvimento profissional de mulheres. Engraçado pensar que ser policial era meu sonho de criança. Quando eu tinha 10 anos, durante uma redação escolar, onde a professora pediu para escrever o que queria ser quando crescer, eu expressei pela primeira vez minha vontade de ser policial. Talvez aquilo veio à minha mente, já que meu pai era policial e ele era a única refe-rência que eu tinha de sucesso. Aos 10 anos a gente não pensa nem fala muito sobre futuro, por isso na hora que precisei es-crever algo sobre o meu, foi aquilo que veio à mente, "quero ser policial".

Eu digo que aquela frase escrita na infância programou a minha mente para o que eu iria fazer a partir daquele dia, se-guir minha rotina escolar e, posteriormente, acadêmica com o objetivo de passar em um concurso público. E assim foi feito, fiz faculdade de Direito e, aos 22 anos, passei no meu primeiro concurso para a Polícia Federal. O que veio a seguir foi o que eu sempre quis, anos realizada profissionalmente seguindo a car-reira do meu pai e tendo a segurança financeira que muitas pes-soas sonham. Por 10 anos o que eu não imaginava era que du-rante essa trajetória eu iria me descobrir empreendedora, uma mulher completamente apaixonada por criar, executar, sonhar. Foram anos trabalhando na polícia e, paralelamente, constru-indo algo novo, diferente e muito maior do que eu fazia. Eu não sabia nomear, mas o que eu comecei a fazer naquela época era branding e através dele eu aprendi a me posicionar. Meu nome, minha reputação, meus valores, desenvolvi e fortaleci tudo isto de forma empírica, mas com o tempo percebi que existia um método para isso, e o melhor, ele era replicável.

O método que funcionou para mim e me fez ocupar lugares de destaque em diferentes áreas também poderia ser execu-tado por outras mulheres e, por isso, para ensinar essas mulhe-res a se posicionarem, foi que em setembro de 2022 pedi exo-neração do meu sonho de infância. Saí da Polícia Federal, abri mão da minha estabilidade financeira para viver o empreendedorismo que já pulsava dentro de mim há muito tempo. Ao longo dos 15 anos de serviço público, compreendi que mais crucial do que nossas realizações e a nossa própria identidade. Independente da área que atuamos, iniciativa pública ou privada, qualquer que seja o nicho de atuação, nosso nome deve sempre preceder tudo que a gente faz! Quando tiramos o foco do que a gente faz e colocamos o foco em quem a gente é, a gente consegue fazer qualquer coisa, essa é a grande mágica da marca pessoal.

Eu vivi isso na prática e todo o processo de desenvolvimento da minha marca começou com a mudança da minha comunicação em seu primeiro nível, a comunicação visual. Logo no início do processo eu entendi que nossa comunicação é a responsável por expor nosso valor e a comunicação através da imagem é a primeira forma de "falarmos" quem somos. Eu realmente acredito na força da imagem, nosso capital visual deve ser usado como um conjunto de códigos que expressam nosso potencial e foi investindo nisso que rapidamente consegui expressar uma mudança intencional de quem eu era e de como eu era vista.

Não foram apenas as roupas que mudaram, o meu posicionamento como uma marca pessoal relevante se deu com base em toda uma identidade imagética que se desdobrou em outras formas de comunicação, como a verbal e não verbal. Nosso corpo também fala e essa comunicação também precisa estar alinhada com o valor que estabelecemos para nossa marca.

Por tudo que vivi e coloquei em prática na minha própria história, eu realmente acredito que toda marca pessoal precisa dominar esses 3 níveis de comunicação para conseguir se destacar. É isso que eu ajudo as mulheres a fazerem, com autoconhecimento e gestão da forma como você se apresenta ao mundo, assim é impossível uma mulher não ser notada. Eu acredito tanto nisso que resolvi fazer transição de carreira aos 40 anos para ensinar mulheres a também se diferenciarem através das suas marcas pessoais.

Empreender não é fácil, mas viver uma vida sem propósito também não é, então escolhi a primeira dificuldade e estou escrevendo uma nova História com muita dedicação. Hoje, uma das minhas áreas de atuação é como gestora de marca pessoal. Ensino mulheres a construírem suas marcas pessoais através do branding e depois gerir essas marcas através de 3 pilares: Imagem Pessoal, Comunicação Verbal e Comunicação Não Verbal.

No primeiro ano como empreendedora ganhei o prêmio PIPE na categoria Empreendedorismo, prêmio fornecido pelo Diário de Pernambuco e agência Tero para influenciadores digitais em categorias específicas. E em outubro de 2023, formalizei minha empresa, o Grupo W, grupo que já existia fazendo eventos presenciais, mas que virou uma plataforma digital e se tornou a primeira plataforma de negócios femininos de Pernambuco. É sempre um prazer falar da minha trajetória e honrar a Mila Moura decidida dos 10 anos de idade. Ela achava que queria ser policial, mas sua determinação mostrou que poderia ser realizada empreendendo. E cá estamos nós!

Mila Moura - Empresária

I - Imagine e seja a pessoa que gostaria de ser

M - Mantenha-se firme aos seus valores

A - Aperfeiçoe suas habilidades

G - Goste de quem você é

E - Externalize sua autoconfiança

M - Melhore por você

I - Imagine e seja a pessoa que gostaria de ser

Capítulo 7
Cuidar de Si

"A autoimagem é a essência da personalidade e do comportamento humano. Mude a autoimagem, e ambos serão transformados."
Maxwell Maltz

Que tal você olhar um pouco para si? Que tal você entender que nós, mulheres, precisamos nos cuidar e nos amar mais do que costumamos fazer! Você é tão especial e tão bonita, isso é independente do formato do seu corpo, se está se sentindo cheinha, muito magra. Não temos um padrão que devemos seguir. Devemos nos sentir bem e confortável com quem somos e como estamos nos cuidando.

Você viu nesses capítulos o quanto é essencial estar envolvida em sua aparência. Mas, calma!! Não vamos mudar da noite para o dia. Você não precisa se sentir mal ou triste porque seu relacionamento não deu certo, ou se está dando muito certo e você está passando por alguma fase difícil, ou se está tão bom que você tem medo que tudo mude. Sabe, tudo mexe com nossos sentimentos e tudo vai mudando quem somos externamente. Então, qual o sentido de fazer todo o processo de mudança externa se você esquece o fundamental, que é olhar para si?

Você já viajou sozinha? Já experimentou estar consigo mesma? Já tentou ver o quanto sua companhia é agradável? Ter um momento para si é tão precioso! Eu nunca tinha feito isso e, no começo deste ano, precisei viajar a trabalho sozinha. Explorar o mundo consigo mesmo pode parecer solitário, mas é fantástico! Chegar no quarto de hotel, escutar sua música, olhar para si, se arrumar, se sentir linda e depois sair para fazer o que mais ama, no meu caso falar sobre a imagem. Ou melhor, já experimentou sair com suas amigas, tomar vinho, conversar e rir umas das outras, dançar e se sentir viva? Sabe por que estou falando isso? Porque nós jamais podemos ter uma imagem forte e poderosa se não alimentarmos o que temos de mais precioso, nosso emocional. Ele precisa de momentos leves e felizes porque, afinal, nem todos os dias são assim.

Experimente olhar mais para você, colocar uma música que você ama, colocar uma vela cheirosa e tomar um banho que demonstre seu cuidado consigo mesma. Ninguém vai te amar mais que você mesma. E sim, esse cuidado e amor vão refletir naturalmente na sua imagem. Já sei que você vai me falar que não tem tempo para isso e que gostaria muito de fazer, a verdade é que só colocamos no nosso planejamento da semana, mês e ano o que é prioridade. Agora te pergunto, por que você não está nele?

Se você compreendeu a importância de sua imagem, agora posso te dar umas dicas do que você pode evitar para que ela não tenha ruídos. Geralmente acontece com a correria do dia a dia e que vamos deixando de lado coisas "simples", mas que mesmo assim podem prejudicar sua imagem.

Quando opta em não ter esse cuidado, isso pode, de alguma forma, prejudicar sua empresa ou a empresa que trabalha e, consequentemente, prejudicar a credibilidade. Como dizem: "Leva-se muito tempo para construir a confiança de alguém e poucos segundos para acabar com ela." Levando em consideração o que já comentamos sobre a primeira impressão, que é causada em segundos, então você vai concordar comigo que é importante tomar esses cuidados. O tanto de conhecimento que você tem sobre o que faz e sobre sua empresa é tão importante quanto sua imagem.

Imagem com e sem ruídos

Aqui listo alguns erros:

1- Roupa decotada.

Ao invés de optar por um decote, o que você pode fazer é colocar uma roupa com gola V, que além de alongar a região do colo, ele será mais elegante se nunca for maior do que a altura da axila.

2- Peças muito justas.

Algumas mulheres podem até achar que a roupa até está no tamanho adequado, mas pode comprometer seu *look* se ele estiver extremamente justo em um ambiente corporativo. Parece que não pode piorar, não é? Na verdade, dependendo do tipo de tecido, pode até ser constrangedor. Então, lembre que alguns tecidos não são indicados como: malhas finas e viscose, esses tecidos, além de marcar o que não precisa, podem puxar, subir e criar situações que podem te fazer perder grandes oportunidades. Tenho certeza de que você não quer dar aquela impressão que foi embalada a vácuo, não é? Então, prefira tecidos mais encorpados e que vão valorizar você e seu corpo. Sem esquecer que vai passar uma mensagem muito mais positiva.

3- Cabelos sujos e despenteados.

Você arrumou seu cabelo no domingo para estar bem bonita na segunda e quando chegou na quarta, ou antes disso, ele com certeza vai estar oleoso, mas na sua mente só faltam dois dias para o sábado, que é a sua folga, então dá para esperar. Na verdade, não! Sinto decepcionar você. Tão importante quanto a escolha da sua roupa, assim também se trata do cuidado com seu cabelo, ele faz parte de sua imagem pessoal e precisa receber seu cuidado, afinal, ele pode comprometer a mensagem que deseja passar. Você sabe qual a mensagem que eles passam quando está sujo e despenteado? Displicência e desleixo. Então, seria essa mensagem que gostaria de transmitir? Espero que não.

Mas, o que pode te ajudar nessas situações, caso você realmente esteja sem tempo para lavar? Coque, rabo de cavalo? Não, mulher, tenho certeza de que você pensou nisso, não é mesmo? O melhor seria você ter um shampoo a seco, eles salvam nossas vidas e ainda ajudam na nossa imagem.

4- Sapatos mal cuidados.

Já aconteceu com você de ter um sapato descascando e você achar que ninguém vai ver? Mas nada passa despercebido, você sabe, não é? Que tal evitar? Bom, é interessante mencionar que você deseja ter um bom resultado e que se não cuidar dos seus sapatos, também pode comprometer sua imagem profissional, principalmente se seu sapato for de cor clara. Procure estar alinhada da cabeça aos pés.

5- Bolsas arranhadas ou craqueladas.

Sua bolsa é um acessório importante e que nunca, jamais passará despercebido aos olhares, causando o quê? A má impressão! Então, é importante você sempre lembrar que, assim como seus sapatos, as suas bolsas completam a harmonia de sua imagem. Isso quer dizer que pode valorizar seu *look* ou derrubar sua estratégia. Não estou falando para você comprar bolsas caras, mas é importante você sempre ter bolsas que possam valorizar ainda mais sua imagem.

A consultoria é como a poesia refinada.

Ela realça suas curvas, revelando o melhor de si.

A verdadeira poesia reside nos cantos negligenciados do seu ser, refletidos livremente na sua imagem.

Cada fio de cabelo, por vezes grudado em seu rosto,

testemunha silenciosamente as lágrimas derramadas nos momentos de solidão.

A poesia está presente no seu *closet,* repleto de memórias que são só suas.

Você é mulher, é poesia em sua forma mais pura, e

transborda histórias para compartilhar.

Seus olhos, tantas vezes sorrindo, quando querem chorar.

Mas o seu sorriso, ah, o seu sorriso é mais uma curva que você esconde por trás das dores. Apenas sorria com sua melhor curva.

Poesia mesmo é cuidar de si!

Capítulo 8

"Não tenho nada para vestir, amiga."

"A pior gafe de moda é se olhar no espelho e não ver você."

Iris Apfel

Já foi convidada pela sua amiga para ir em determinado lugar e disse: "Não tenho nada para vestir, amiga!" Ou, você tem um compromisso e logo de imediato pensou numa roupa e, quando provou e se olhou no espelho, a infeliz surpresa: "Não acredito que não ficou bom"! Agora você está naqueles dias e tem uma reunião importante, quando abre seu *closet* não consegue decidir, nada presta, nada fica bom, nem aquelas combinações que você faz sempre, você não consegue gostar de nada.

Uma outra situação: você precisa sair, já provou tudo e nada ficou bom, então você fez uma combinação que parece que foi a melhor opção para aquele dia, mas chega no local do compromisso e foi muito elogiada, mas só você não consegue se sentir bonita. Imagina que chegou numa loja que você ama e ela simplesmente está numa mega promoção e você já pensou que é seu dia e vai conseguir comprar várias peças legais. Acontece que você nem provou direito com toda aquela afobação e comprou várias peças, você usa e gosta e algumas e outras ficam paradas, porque não sabe como usar e nem sabe o que deu em você para comprar aquelas peças, se sente uma louca e sabe que só fez perder dinheiro.

Você também se sente assim, às vezes, sai comprando loucamente sem ter o que realmente precisava, fazendo escolhas sem conhecer seu guarda-roupas?

Terminou o namoro, vai casar ou conseguiu um trabalho melhor e a primeira coisa que você pensa é: "Preciso de roupa para esse evento, ou preciso cortar meu cabelo para essa nova fase de vida; recomeço chegou e agora preciso de um novo visual, me enxergar diferente, afinal, sou uma nova mulher". Ou simplesmente você enjoou do seu visual e deseja mudar.

A *Vogue,* logo após a pandemia, no dia 04 de maio de 2021, publicou um artigo sobre a importância que a nossa vestimenta tem sobre nosso humor. Hajo Adam e Adam D.Galinsky explicam o fenômeno no artigo *Enclothed cognition* (em português, "Cognição de Vestuário"), publicado no *Journal of Experimental Social Psychology*, em 2012, afirmando que, de fato, a roupa pode mesmo influenciar os processos biológicos de um indivíduo, podendo alterar o estado de espírito, a *performance*, o comportamento e a autoestima.

Quando pensamos em ir para algum lugar e vamos pensar no que vestir sempre vem uma pergunta atrás da outra, como: "O que vou vestir? E meu cabelo, como faço? Que maquiagem devo fazer? Será que coloco acessórios dourados, prateados ou misturo?" Ou, em determinada situação, você já falou para alguém ou já te falaram: "Anda direito". Você também pode ouvir: "Mas isso não está na moda". Então, vem a famosa frase: "Amiga, não tenho nada para vestir!"

A crença limitante é você ter um monte de roupa escondida no armário e ao mesmo tempo não ter nada para vestir. O paradigma aqui é que a ideia de quantidade de roupas é mais importante do que a qualidade e a estratégia na escolha do vestuário, o que resulta em compras aleatórias e uma imagem desorganizada.

Como a consultoria de imagem pessoal ajuda você?

Através de um estudo do seu objetivo de imagem, mapeamento de estilo pessoal e entender qual o traço de sua personalidade, vamos identificar as lacunas em seu guarda-roupa e a desenvolver uma estratégia de imagem considerando seu estilo de vida e orçamento para comprar o que realmente você precisa, porém, com objetivo.

A contratação de uma *personal shopper* especializada ajudará na seleção de peças estratégicas, versáteis e atemporais que fazem parte do seu estilo, permitindo que tenha sempre uma imagem harmoniosa e coesa.

Ter a consultoria vai facilitar na hora de você comprar, não comprar apenas o que é moda. Mas, afinal, o que é moda?

O que é moda?

MODA - Vem do latim - *modus* - que significa modos ou maneira. Há conexão dessas duas palavras: moda, que se refere à maneira de se vestir em um determinado tempo; e *modus*, que se refere ao modo ou maneira de fazer algo.

Isso está na moda? Você é da moda? Ou isso é de última moda?

São muitas variações que encontramos para uma palavra tão pequena e com um significado poderoso e com várias nuances de significado. Além disso, a moda tem o poder de influenciar nossos hábitos, estilos de vida e o lugar que frequentamos.

Com certeza você vai associar a moda a mudanças rápidas, se você demora muito para comprar determinada coisa já passou, ou se adquire de imediato já se prepara para o próximo lançamento.

Se está na moda é porque é uma novidade e algo se tornou velho. E isso não só podemos incluir as roupas, mas os gostos, a arquitetura, objetos, linguagens, ideias, artes e etc. Tudo pode ser do passado, ou melhor, fora de moda, como o uso dos corpetes e espartilhos, que eram usados durante os séculos XVII e XIX, mas não apresentavam nenhum conforto para as mulheres, porque o objetivo era deixar a cintura fina ou "ideal", de acordo com os costumes de antigamente, então, eles precisavam ser extremamente apertados. E foi justamente por causa do tamanho desconforto que ele foi deixado de usar.

Outro elemento da moda antiga que já vimos muito nas histórias entre 1837 a 1901 são os véus de luto, que faziam parte da cultura e etiqueta. Eram usados como parte da vestimenta quando estavam de luto. Eles eram utilizados para cobrir o rosto juntamente com roupas pretas, simbolizando a dor daquele momento e em respeito ao falecido.

Mas, se pararmos para pensar, a moda é um modo de expressão. Por exemplo, antigamente as pessoas conseguiam distinguir os ricos dos pobres por causa de suas vestimentas. Também havia distinção entre as roupas masculinas e femininas. Um outro exemplo é a influência que a moda teve no pós-pandemia e como usamos hoje nossa imagem para expressar os nossos desejos de forma rápida e direta. A forma como nos vestimos expressa nossa competência alinhada à imagem que desejamos projetar e adquirir o nosso resultado financeiro, ou para ter uma ligação com outro indivíduo.

Você já jogou "Imagem e ação"? Imagina que você só pode desenhar para seu time descobrir a palavra, mas o seu desenho é muito ruim e seus amigos falam todas as palavras, menos o que deveriam. Isso pode estar acontecendo com você ao tentar usar o que outra pessoa usa ou tentar ser o que não é, as pessoas, ao te verem, vão interpretar tudo, menos o que você deseja.

Agora, imagina que a pessoa que vai jogar consegue fazer um desenho muito assertivo e todos gritam a mesma palavra de uma única vez. E todos ficam admirados com tamanha habilidade do amigo em conseguir em pouco tempo desenhar algo tão incrível. E quando perguntam como ele conseguiu, ele diz: "Ah, treinei" ou "Eu aprendi a fazer". Nós não nascemos com nenhuma habilidade, precisamos desenvolver.

O belo precisa ser desenvolvido. Pedir a ajuda da sua amiga é normal, o que não pode é você não ter segurança no que veste e isso se tornar um hábito a ponto de você sempre precisar da opinião dela para se sentir segura e bonita.

Um dia o Tyler me convidou para jantar, ele sempre falava com antecedência e antes me vinha aquela pergunta: "Com qual roupa eu vou?" Para dificultar a minha situação, ele nunca me fala para onde vamos, só recebo o convite. Se for um lugar mais *chic*, ele sugere um vestido, e se não for, ele sugere eu colocar calça. Então, isso acabou virando um direcionamento do lugar que vamos jantar. Mas, certo dia, ao escolher a roupa, me olhei e troquei a blusa, então ele me olhou e disse: "Amor, não gostei muito dessa troca que você fez na sua roupa". O que você acha que fiz? Eu troquei para agradá-lo? Poderia, sim, ter colocado a blusa anterior, mas minha resposta foi: "Amor, espera eu terminar". Ao sair, ele me olhou e disse: "Amor, você tinha razão, essa ficou bem melhor".

Sabe o que esse dia me ensinou? Ensinou que, por mais que às vezes possamos pedir ajuda ou alguém dê uma opinião, eu preciso ter conhecimento e segurança que a roupa que escolhi é a ideal. Claro, eu não posso ser orgulhosa de nunca trocar, precisa existir um equilíbrio entre o que realmente é bonito e o que não é. Mas eu, como profissional de imagem, sempre me pergunto antes de me vestir: "Qual a mensagem que quero transmitir?" Isso me ajuda a direcionar nas compras e na hora de vestir.

Quando o assunto é mudança, é importante mencionar que já fiz um comentário como este: "Amiga, não tenho nada para vestir porque engordei." Poucas coisas são tão constrangedoras quanto essa afirmação. Ao expressar minha vulnerabilidade, percebi que nem sempre as pessoas compreendem o processo pessoal pelo qual estou passando, porque muitas vezes as pessoas não sabem as lutas emocionais que passamos.

O primeiro ponto importante é que precisamos respeitar o corpo do outro e, se sua amiga não pediu sua opinião, apenas não fale. Somos metamorfose e mudamos constantemente. Existem vários fatores que nos levam e elevam os números na balança e, ao contrário dos números, a nossa autoestima cai muito a ponto do vestir ser uma grande barreira. Essas mulheres tentam esconder suas dores usando preto como uma tentativa de esconder uma dor que só elas carregam e, muitas vezes, são alvo de piadas impensadas, nada engraçadas e que na escuridão do breu choram como se a culpa fosse totalmente delas. Muitas vezes, depois de uma gravidez, onde o corpo demora a voltar pro seu lugar, surgem ansiedades, depressão ou algum distúrbio que por um momento faz você se descuidar e cair em um caminho que é muito difícil para voltar a ter o equilíbrio.

Quando me mudei para Califórnia, todo o sofrimento e uso de remédios se acumularam e se tornaram gordurinhas difíceis de serem destruídas, e o pior de tudo é que não consigo gostar de exercício físico. Eu sei de todos os benefícios e me sinto tão bem depois que termino, eu fico mais disposta, consigo me alimentar melhor e, muitas vezes, vejo a balança diminuir alguns números, mas hoje entendo que devo me preocupar mesmo é em como está a minha saúde, afinal, isso também faz parte da minha imagem e o que pretendo projetar. Mulher, não deixe de se amar e de cuidar de você, é importante se aceitar e se sentir feliz, mas o melhor é ter saúde para lidar com todos os desafios que enfrentamos diariamente na vida.

Como a gravidez impacta as mudanças no corpo da mulher? Como isso se refletiu na imagem? O que mudou em relação ao se vestir?

Eu decidi, junto com meu esposo, que não queríamos engravidar e isso também é um peso que carregamos diante da sociedade, pois afeta a imagem, a forma como as pessoas enxergam você. Mas, e as que decidiram engravidar? O que muda para elas? Conversei com algumas mulheres e elas me contaram seus sentimentos. Veja alguns depoimentos a seguir:

"Vivi, na época da gravidez eu fiquei ZERO vaidosa, eu me vestia de qualquer jeito, porque meu olhar ficou totalmente voltado pra fazer enxoval, para João, para os exames - fiquei meio surtada. Quando ele nasceu, me dei conta que eu era uma mulher e aí voltei a treinar e buscar me cuidar (e a questão das roupas vieram junto). Mas não foi uma decisão me largar, sabe? Quando eu vi já estava largada. Eu só procurava uma roupa que coubesse em mim com zero critério. Muitas mães demoraram a se ver como mulheres no puerpério, meu problema foi na gravidez. Eu me achava LINDA com 16 kg acima do peso e "mal vestida". É muito louco isso! Quando João nasceu, caiu a ficha, sabe?"

Nathalia Luna – Gestora da indústria farmacêutica

"Afetou em TUDO! Na primeira, o início foi difícil pra entender as mudanças no corpo, principalmente nos três primeiros meses, porque você aumenta, mas não aparece ainda a gravidez, e no final, se relaxar, engorda mais que o normal, aí soma o cansaço e mal humor.... Mexe com a autoestima total. No começo baixa e, no final, aumenta porque você se mostra mais com a barriga e se sente no direito de vestir o que quiser só se preocupando com conforto. Fiquei 10 quilos acima do peso no primeiro ano de Lara. Engordei 22 kg na gravidez. Um absurdo! Na segunda gravidez fiquei mais consciente e engordei somente 9kg."

Roberta Monteiro – Gestora hospitalar

"Mudou tudo! Depois que eu me tornei mãe, eu não consegui enxergar no meu novo corpo a pessoa que eu era antes de engravidar. Não consegui mais usar as roupas de antes, e nem era só pelo fato de não caberem mais. Eu precisava escolher roupas que facilitassem a amamentação, que não marcassem tanto a barriga (que já não é mais como antes) e a roupa precisava me dar mobilidade para poder dar conta de poder cuidar de uma criança de modo confortável. Ainda hoje minha mente enxerga meu corpo, mas não consegue assimilar que esse é meu novo corpo. Tem toda aquela parte romântica que diz que o corpo que você tem hoje gerou uma vida, que a barriga foi casa e os seios alimentaram... Isso é verdade, mas na prática, você ainda gostaria de se sentir atraente e linda (como você nem sabia que era antes). Eu não acredito (é meu ponto de vista, pode ser que para outra mulher tenha outro sentido) que a felicidade de ser mãe possa ter influência sobre o meu sentimento sobre meu corpo. São coisas diferentes pra mim. Ser mãe é maravilhoso. Mas também tem o lado mais desafiador. E esse lado tem um peso grande. Mas nem todos estão preparados para falar e também pra ouvir. E parece que quando uma mãe se expressa e fala sobre os desafios, ela está falando que não gosta de ser mãe, ou que se arrependeu, que não gosta do filho. Por isso a maioria só fala das partes boas."

Eliz Muniz - Enfermeira

Quanto tempo?
Quanto tempo você demora para se arrumar?
Quanto tempo você leva para fazer sua maquiagem?
De quanto em quanto tempo você compra suas roupas?
Quanto tempo você leva para cuidar de si?
A verdade é que nos programamos tanto e, muitas vezes, nem dá tempo, seja por tantas coisas que precisamos fazer ou simplesmente porque não chegou o tempo certo.

Nada presta, será?

Durante pelo menos cinco dias de cada mês, nós mulheres nos sentimos sobrecarregadas pela tensão pré-menstrual (TPM). A sensação é quase sempre a mesma: parece que nunca temos nada para vestir, e, paradoxalmente, são justamente nesses momentos que as pessoas nos elogiam, dizendo o quanto estamos "lindas". Nessas ocasiões, tudo o que realmente queremos é chocolate saudável ou gordo, uma cama confortável e um bom filme para acalmar a avalanche de sentimentos e emoções que vem e vão em frações de segundos. Sorrisos, lágrimas, raiva, alegria e impaciência surgem e desaparecem tão rapidamente que nem temos tempo de aproveitar ou entender cada sentimento. Simplesmente, não conseguimos explicar o que é tudo isso.

Nada parece ficar bom, nada parece certo. Não nos sentimos bonitas e aquela roupa que usamos com frequência, justamente nesse dia, não parece adequada, há algo de errado.

As roupas são uma das nossas formas de expressão, e durante esses dias de TPM, elas refletem a complexidade de nossas emoções e experiências internas que estamos vivenciando. A TPM afeta significativamente nossas escolhas de roupas, influenciadas por vários fatores emocionais e físicos:

- Nós, mulheres, preferimos roupas mais confortáveis devido ao inchaço e ao desconforto físico que são comuns nesse período. Então, escolhemos peças mais largas ou de tecidos suaves. Essa sensação de conforto físico que a roupa traz é uma prioridade, para nos ajudar a lidar com o desconforto emocional.

- Por causa da baixa autoestima podemos ter a sensação de não se sentir bonita ou atraente e nos levar a escolher roupas que cobrem mais o corpo ou menos reveladoras, então, vamos escolher roupa que nos permita se sentir segura.

- Ficamos emocionalmente sobrecarregadas, para evitar mais uma pressão adicional; então, para simplificar nossa vida, escolhemos roupas simples e práticas.

- Na irritação e na flutuação de nosso humor, optamos por cores escuras ou neutras, enquanto outras mulheres que decidem elevar seu humor decidem usar cores mais vivas que as fazem se sentir melhor.

- Sim, também ficamos mais sensíveis, e, então, certos tecidos e texturas podem ser irritantes e desconfortáveis.

Apesar desse período ser curto, isso impacta em nossas decisões. Mas, não esqueça o quanto você é resiliente e poderosa, é só uma mulher para aguentar tantos sentimentos e sensações. Nada de sexo frágil, somos muito fortes por lidar com tudo isso.

Capítulo 9

A psicanálise na consultoria de imagem

"A maneira como você se veste é uma expressão de sua personalidade."

Alessandro Michele

O emocional, seu melhor amigo ou pior inimigo

Texto de Blenda Ribeiro

Coração acelerado, pensamentos inquietantes, sensação de que tenho pouco tempo para fazer o que preciso; não terminar o que preciso? Essa opção não existe, afinal as pessoas têm expectativas sobre mim, sobre quem representou para elas, tanto na vida pessoal quanto na profissional. Eles contam comigo, por isso tenho que ir até o final sem perder a qualidade, já que essa é a minha marca registrada, eu faço o melhor por gosto do melhor e quero o melhor; ser exigente é uma necessidade. Porém, o que não percebo é que tudo isso só acontece pelo medo, medo de ser deixada para trás, medo de ser trocada, medo de ser excluída, por isso quero dar o meu melhor SEMPRE, para ser desejada, necessária na vida dos que estão do meu lado e sempre a escolha de todos. Mas, como eu poderia entender tudo isso?

Coração angustiado, vontade de chorar, me sinto sozinha, mesmo com tantas pessoas a minha volta, mas parece que ninguém percebe, está na minha cara, está na minha postura, como não veem? Quando olho para alguém, percebo imediatamente como ela está, porém não acontece o mesmo comigo. O que não percebo? Não percebo que o medo do abandono me faz estar apegada a todos, incluindo aquelas pessoas tóxicas que mais me machucam do que me curam, não percebo que preciso ser cuidada, no entanto faço de tudo para cuidar; tudo por conta do medo do abandono, por conta do medo de ficar sozinha. Mas como eu poderia entender tudo isso?

Não quero me abrir, não falo dos meus sentimentos, não misturo razão com emoção, por que é tão difícil para as pessoas serem objetivas? Tempo é dinheiro e a impressão que tenho é que a cada dia que passa meus esforços são muito maiores do que o salário que ganho. O que não vejo diante dos meus olhos? Não vejo que tudo se resume ao meu medo de ser manipulada, que tenho medo de me usarem, de usarem minhas fraquezas contra mim mesma, de ser traída. Mas como ser diferente? Como agir diferente e me sentir bem e segura?

Sonhos

Grandes sonhos existem dentro de nós, planos quase perfeitos pareciam em nossa mente para que tudo saia de acordo com o *script*. No papel tudo vai lindamente bem, porém esquecemos que a vida real não é um filme roteirizado, existem monstros que assombram nossas escolhas, nossas ideias, nossas atitudes nos paralisando; podemos chamá-los de *sabotadores*. Se você não sabe do que estou falando, te darei alguns exemplos dos sabotadores mais comuns. Preparada para a lista?

Os inimigos emocionais

Crítico:

Ele leva você a constantemente encontrar defeitos em si mesmo, nos outros e nas situações. É ele que gera a maior parte da sua ansiedade, estresse, raiva, decepção e culpa. A mentira que ele conta para você é que sem ele você e os outros se tornaram preguiçosos, não iriam muito longe. Muitos confundem esse sabotador com seu lado racional.

Insistente:

Necessidade de perfeição, ordem e organização levada longe demais. Ela deixa você e os outros nervosos e ansiosos, esse sabotador suga sua energia e a de quem está por perto, te faz ficar frustrado com frequência, já que as coisas nunca estão perfeitas o bastante.

Prestativo:

Obriga você a ganhar aceitação e afeição ao ajudar, agradar, salvar ou elogiar constantemente. Ele faz com que você perca de vista suas próprias necessidades. Encoraja os outros a se tornarem dependentes de você.

Vítima:

Quer que você se sinta emotivo como forma de ganhar atenção e afeto do outro. Ele resulta em foco extremo em sentimentos internos, principalmente os dolorosos. Você desperdiça sua energia mental e emocional, e os outros se sentem frustrados, impotentes e culpados de nunca conseguirem fazer você feliz por muito tempo.

Hiper-racional:

Coloca foco intenso no processo racional de tudo, incluindo relacionamentos em geral. Torna você impaciente com as emoções das pessoas, que passam a vê-lo como uma pessoa fria, distante e intelectualmente arrogante.

Hipervigilante:

Traz ansiedade intensa e contínua em relação a todos os perigos que cercam você e tudo o que poderia dar errado. Provoca grande estresse que exaure você e os outros.

Controlador:

Necessidade ansiosa de estar no comando, controlar situações e dirigir ações das pessoas de acordo com a vontade desse sabotador. Quando isso não é possível, você fica ansioso e impaciente. As pessoas acabam ficando ressentidas com você por um longo período.

Esquivo:

Concentra-se no positivo e no prazer de uma maneira extrema. Evita tarefas difíceis e desagradáveis, conflitos. Leva a procrastinar e fugir dos conflitos. Resulta em explosões em conflitos que foram deixados de lado.

Mas como saberia disso, ou como poderia calar cada um deles na minha cabeça para ser livre e atingir meus objetivos e maiores sonhos?

Essa toxidade que se alastra e a negatividade que, em muitos momentos, me desanimam traz à tona meus defeitos, fazendo-me entender que preciso de conforto, que preciso cobrar-me menos. Colocando em prática, começo por minha aparência, opto por roupas mais largas (a primeira que vejo na frente), polpo meu tempo por não fazer penteados no cabelo, e aquela maquiagem bem trabalhada. Tudo pelo meu conforto, já que meu emocional me suga muito.

O que me dou conta em poucos dias é que a produtividade não aumentou, minha autoestima não melhorou e na escada dos sonhos não subi nenhum degrau. Foi aí que um divisor de águas aconteceu, a melhor decisão foi tomada: uma consultoria de imagem contratei. Acredito que o mais importante foi a profissional que escolhi, não optei pela primeira consultora que encontrei no Instagram, Google ou TikTok, escolhi ser atendida por alguém que não só me ensinasse a vestimenta ideal, mas que transformasse meu olhar para o mundo, e assim foi.

Ansiosa para a primeira reunião, as portas do meu *closet* já estavam abertas esperando a transformação, assim como já assisti em programas de moda. Porém, fui surpreendida com a notícia de que minha primeira reunião, na verdade, seria uma consulta. Consulta? Isso mesmo, meu primeiro encontro foi com uma terapeuta comportamental especializada em Análise Corporal. Mas claro, isso faz total sentido, a transformação e cuidado precisam acontecer de dentro para fora, afinal tudo precisa ser baseado em minha personalidade; não a que está tão aflorada neste momento, mas minha real personalidade. Agora, sim, tudo mudou!

Em apenas uma consulta consegui sorrir, chorar, me encantar, me espantar por tanto conhecimento profundo que adquiri nesse pouco tempo. Para você, que assim como eu, nunca tinha ouvido falar em análise corporal, fiz questão de trazer todas as informações direto da especialista que mudou minha visão emocional para o mundo.

Análise Corporal

Você sabe quando começou a ser formada a sua personalidade? E se eu te disser que foi na barriga da sua mãe, acredita? Todo ser humano é gerado com um 'caderninho em branco' onde nele é anotado todos os estímulos emocionais que acontecem de forma repetida em sua vida infantil. Já percebeu como as crianças gostam de repetições? Repetem milhares de vezes uma música, um filme, um clipe, isso acontece porque as crianças gravam e aprendem com a repetição, por isso se passamos pelo mesmo estímulo emocional diversas vezes, tenha certeza de que foi formado um registro cerebral.

Agora preciso te contar um ponto importante, dos 0 aos 3 anos e 4 meses a nossa memória fotográfica ainda não foi formada.

Memória fotográfica? O que é memória fotográfica?

A memória fotográfica, também conhecida como memória eidética, é um mecanismo de memorização, parte cerebral responsável por registrar imagens transformando-as em memórias que ficam guardadas ou lembradas sempre que for necessário.

Já que ela só é formada mais de 4 anos depois da sua vida começar a existir, o que acontece nesse período? Todos os estímulos emocionais que vivemos, tanto os positivos quanto os negativos, irão para o inconsciente, que é responsável por nossas emoções. É por isso que muitas vezes um cheiro nos faz muito bem, mas não entendemos o porquê, provavelmente foi de um período em que seu cérebro só gravou a emoção, não a imagem. Ou nos identificamos muito com uma música, mas não conseguimos recordar o motivo; está tudo registrado em nosso inconsciente.

Você já se deparou com a seguinte situação: um desentendimento acontece entre você e outra pessoa, apesar do conflito não ser tão forte e profundo, sua reação de raiva ou frustração surpreende a todos, inclusive a si mesma. Tudo isso acontece porque a cada situação que passamos, nosso cérebro em segundos consulta o inconsciente para entender como fomos ensinados a lidar com um conflito similar, no período da infância especificamente do momento em que somos gerados até os 5 anos. Por isso, em muitos momentos é difícil controlar as emoções, pois essas reações têm mais relação com seu passado do que com seu presente.

E qual é a relação da nossa personalidade formada dos 0 aos 5 anos com o formato do nosso corpo (estrutura óssea)? É nesse período que nossa estrutura óssea também está sendo formada, nosso inconsciente molda os estímulos de desenvolvimento que temos, permitindo assim, através da *análise corporal*, o reconhecimento da nossa verdadeira personalidade, o reconhecimento das nossas habilidades, necessidades e medos; medos que podem estar norteando nossas atitudes, nos trazendo, assim, muitos sentimentos negativos.

E por que fazer a análise corporal é tão importante? Porque infelizmente o ser humano tem a tendência a acreditar que sua própria personalidade (modo de agir, falar e pensar) é a maneira correta de lidar com as situações, impondo, muitas vezes, que o outro mude seu comportamento para agradá-lo.

Pare para pensar em cada fase da sua vida. Como foi seu período escolar? Nesse ambiente existiam pessoas que tentavam moldar ou mudar seu jeitinho infantil de ser? E na sua casa, algum familiar já tentou dizer ou te convencer que o modo dele pensar e agir eram os corretos? Existem frases que mostram claramente quando isso acontece. Vamos a alguns exemplos?

- Você fala muito alto. Fale mais baixo!
- Engole o choro! Se não, vou dar a você reais motivos para chorar.
- Vá direto ao ponto! Você dá muitas voltas ao contar uma história.
- Deixe de ser tímido, criança! Abrace a sua tia que está te cumprimentando.

Esses 'ajustes' na forma de falarmos, pensarmos e agirmos nos afasta da nossa personalidade original, aquela que formamos na infância, por conta da necessidade de adaptação ou sobrevivência. Esta situação pode acontecer tantas vezes que podemos nos perder completamente de nós mesmos, isso nos traz grandes consequências na juventude e vida adulta, como: escolhas equivocadas de profissões e carreira.

Conhece alguém que iniciou um curso e perto de acabar decidiu abandonar tudo? Ou terminou o curso, mas nunca trabalhou na área? Ou até mesmo trabalhou na área e alguns anos depois percebeu que aquela profissão não a faz feliz?

Será que as consequências param por aí? Infelizmente não! O afastamento da sua personalidade original pode te fazer escolher o próprio cônjuge de forma equivocada. Por optar por uma pessoa que supra as necessidades impostas a você por outros, vamos mais além? Existem acontecimentos passados que você pode não imaginar, mas que te afetam, como um trauma que a sua avó sofreu e afetou a forma dela criar sua mãe, que mudou o olhar da sua mãe com relação ao seu futuro, tudo isso, se não percebido, irá moldar suas escolhas, fazendo com que você tome decisões baseadas em medos ou, ainda pior, traumas que não são seus.

Podemos comparar com uma Ferrari que é colocada em uma estrada de barro, ela chegará ao seu destino? Provavelmente sim, mas por não ser criada para esse tipo de estrada, qual será seu estado final ao chegar no destino? Quanto tempo levará para chegar ao ponto final? Vamos mudar a situação? E se colocarmos essa Ferrari no local certo? Em uma pista muito lisa, o resultado será melhor? Com certeza, pois ela está no ambiente que a favorece.

Em que ambiente você escolheu estar?

Mas Blenda, não posso abandonar meu lar, o ambiente em que vivo? Engana-se quem entende que estou falando de ambiente físico. Em que ambiente mental você se coloca? Em que ambiente emocional você escolhe morar? Quem você escolhe para habitar seu ambiente emocional? Quem você escolhe compartilhar seus desejos, suas habilidades, suas preocupações? Se você nunca parou para pensar nisso, fique atenta! Provavelmente você não tem filtro de quem entra e sai ou exerce influência em seus pensamentos, ações e emoções.

Muitos chegam ao meu consultório com respostas prontas para questionamentos como:

- Por que você ainda tem essa vida?
- Por que você ainda está neste trabalho?
- Por que você não muda?

As respostas prontas são sempre: "Mas, Blenda, você não conhece meu marido... Blenda, você diz isso porque não está no meu dia a dia... Se você tivesse a minha vida, você entenderia".

Qual seria a sua resposta para mim? Escreva abaixo:

____

____

Entendam! Qualquer frase sobre a sua vida que vem depois de um conselho emocional de mudança é uma desculpa, justificativa para a não realização da mudança.

Mudança emocional é um tema polêmico entre pessoas, porque muitos acreditam que ela tem o objetivo de fazer a conversão para sua personalidade original, o que poderá culminar no afastamento das pessoas que seus medos escolheram, dando a você a sensação (errada) de estar abandonando o outro.

Muitas pessoas pagam *coaching, feedback* de desempenho, terapias, *workshops*, consultas nutricionais em busca de mudanças, porém logo toda força de vontade vai embora e o resultado desejado não é alcançado. Mesmo achando que realmente querem mudar, existe uma grande resistência à mudança.

Essa necessidade de mudar vem do desejo de ser feliz. O quanto você já correu atrás desse sentimento? Quantos vídeos você já assistiu, quantos cursos ou livros já leu para ser mais produtivo no trabalho, ou ser mais organizado no dia a dia para se sentir mais feliz e satisfeito? Quantas vezes você já foi ao nutricionista ou acompanhou aquele influenciador que tem um corpo parecido com o seu, por isso você acredita que a 'reeducação alimentar' dele também funcionará para você? Conseguiu alcançar esse ou outro objetivo? Quanto tempo durou a felicidade quando você alcançou esse objetivo? Por que é tão difícil realizar essas mudanças? E caso alcance, por que é tão difícil se manter nesse estado de satisfação?

A resposta está nos *inimigos,* lembra deles? Descrevi para você 8 inimigos internos que te deixam muuuito longe de atingir seus objetivos, sonhos e satisfações. Seu objetivo precisa ser descobrir quais são os seus inimigos. Ter consciência deles é muito importante, pois você os enfraquece. Imagine-os como um ladrão, quando fortes sempre roubaram qualquer melhoria que você tentasse realizar.

Vamos fazer um exercício? Volte algumas páginas, analise cada um deles e descubra quais são os seus inimigos, escreva abaixo na ordem do mais forte em sua mente. Normalmente temos de 3 a 4 inimigos que possuem uma alta voz em nossa cabeça.

1____

____

____

____

2____

____

____

____

____

3____

____

____

____

4____

____

____

____

Agora você irá descrever abaixo as consequências que esse inimigo já trouxe para a vida, o que você já deixou de fazer, que tipo de relacionamento você já deixou de ter, que sonho você deixou para trás por conta de cada inimigo.

1° Inimigo: _______________________________________

Consequências:

____

____

____

2° Inimigo: ____

Consequências:

____

____

____

3° Inimigo: ____

Consequências:

____

____

____

4° Inimigo: ____

Consequências:

____

____

____

No consultório sempre deixo claro para os pacientes a importância de sair do automático e entrar no consciente. Qual é a diferença?

O automático:

Fazer as coisas no automático significa realizar tarefas sem realmente prestar atenção nelas ou sem pensar conscientemente sobre o que está sendo feito. É como se você estivesse agindo de forma mecânica, sem envolvimento emocional ou mental. Isso pode acontecer quando estamos distraídos, entediados, estressados ou simplesmente quando algo se torna tão rotineiro que não demanda mais nossa atenção consciente. Exemplo:

- Dirigir até um destino familiar sem se lembrar exatamente do percurso que foi feito.

- Ler um livro ou um artigo sem absorver o conteúdo porque a mente está distraída.

- Cozinhar uma receita que você faz repetidamente sem realmente pensar nos passos ou ingredientes.

- Responder automaticamente "tudo bem" quando alguém pergunta como você está, sem realmente refletir sobre seu estado emocional.

- Digitando mensagens de texto ou e-mails sem realmente pensar no que está sendo escrito.

- Comer sem saborear a comida, simplesmente engolindo-a enquanto faz outras atividades.

- Fazer exercícios físicos de forma mecânica, sem realmente prestar atenção na técnica ou na sensação do corpo.

- Assistir televisão sem se envolver na trama ou nos personagens, apenas como uma forma de passar o tempo.

- Executar tarefas domésticas, como dobrar roupa ou lavar louça, sem realmente prestar atenção no processo.

O consciente:

Fazer as coisas conscientemente significa realizar tarefas com plena consciência e atenção no momento presente. Em vez de agir no piloto automático, você está totalmente presente e engajado na atividade que está realizando. Isso envolve estar consciente de seus pensamentos, emoções, sensações físicas e do ambiente ao seu redor enquanto realiza a tarefa. Quando você faz as coisas conscientemente, está mais atento aos detalhes, desfruta mais da experiência e pode até mesmo melhorar a qualidade do que está fazendo. Exemplo:

- Caminhar ao ar livre prestando atenção nos sons, cheiros e sensações físicas do ambiente ao seu redor.

- Realizar uma atividade doméstica, como lavar a louça, prestando atenção no que você está fazendo.

- Ter uma conversa significativa com alguém, ouvindo atentamente o que a pessoa está dizendo e respondendo de maneira genuína e reflexiva

- Ficar atento durante as refeições, focando na experiência de comer, desde o ato de mastigar até o sabor e a textura dos alimentos.

- Escrever em um diário, refletindo sobre os eventos do dia, seus pensamentos e emoções.

- Apreciar uma obra de arte em um museu, observando os detalhes, cores e emoções que ela evoca.

Estar no consciente te possibilita fazer perguntas muito importante que evitam explosões emocionais:

- Por que estou sentindo isso?

- O que o outro irá entender com minha fala?

- Será que o outro realmente quis dizer o que entendi?
- A forma como recebi a fala do outro está de acordo com a personalidade dele ou podem ser meus traumas que estão mudando o sentido e contexto na situação?

É nesse momento que a inteligência emocional começa a atuar em você! Imagine um campo de batalha: de um lado seus *inimigos emocionais,* que são fortalecidos ao estar no modo *automático;* do outro, sua *inteligência emocional,* que é fortalecida por seu modo *consciente* combatendo esses ladrões de sentimentos positivos. O modo que ganhará é o que você mais usar. Em sentido biológico, esses dois modos atuam em partes diferentes do cérebro, isso significa que o fortalecimento de um anula o outro.

Quem tem mais força em seu ambiente emocional hoje, seus inimigos emocionais (automático) ou sua inteligência emocional (consciente)? Responda abaixo:

____

____

____

Como esses inimigos são formados? Através dos traumas e medos que foram passados de geração em geração pelo piloto automático, essas situações difíceis na vida criam pensamentos negativos que formam padrões mentais, hábitos e crenças baseadas no medo, sempre buscando estar em sinal de alerta, afinal esses inimigos acreditam que sentimentos positivos te deixam relaxados (DESPROTEGIDOS), já os negativos te deixarão sempre em alerta, pronto para se defender do que for preciso. Por ser derivado da imperfeição, todo ser humano tem os seus inimigos emocionais que estão ligados à necessidade de sobrevivência e baseiam-se no pior cenário; o sofrimento passado por toda humanidade, de geração em geração, é o seu cérebro sempre esperando o pior.

O mais importante é saber que seus inimigos emocionais derivam de mentiras. Como assim? Todos eles derivam de medos futuros. O que é um medo futuro e quais são os sintomas? Sensação de ansiedade, nervosismo, inquietação, tensão muscular e, até mesmo, pânico por algo que pode acontecer, mas não está acontecendo.

Qual é o seu objetivo? Fortalecer sua inteligência emocional. Como fazer isso?

Sair do automático e praticar a conscientização pode trazer uma sensação de satisfação, maior conexão com o presente e, com certeza, melhora seus relacionamentos. Vamos praticar? Aqui estão algumas atividades que podem ajudar você a sair do piloto automático e cultivar a atenção plena:

Exercícios de respiração:

Pratique exercícios de respiração consciente, como a respiração abdominal profunda, para ajudar a trazer sua mente para o consciente.

A respiração abdominal profunda, também conhecida como respiração diafragmática, é uma técnica de respiração que envolve o uso do diafragma, um músculo localizado abaixo dos pulmões. Essa técnica permite que você respire mais eficientemente, maximizando a quantidade de ar que entra nos pulmões e proporcionando uma série de benefícios para o corpo e, principalmente, para a mente, exercitando a inteligência emocional.

Aqui está um passo a passo simples para praticar a respiração abdominal profunda. Você fará toda manhã, assim que acordar.

Vamos lá?

- **Postura:** Sente-se ou deite-se confortavelmente em uma posição relaxada. Mantenha a coluna ereta, mas não rígida, e os ombros relaxados.

- **Mãos:** Coloque uma mão sobre o peito e a outra sobre o abdômen, logo abaixo das costelas inferiores. Isso ajudará você a perceber o movimento do seu abdômen durante a respiração.

- **Inspiração:** Inspire profundamente pelo nariz, permitindo que o ar encha primeiro o abdômen e depois os pulmões. Ao inspirar, sinta o abdômen se expandir, empurrando suavemente sua mão para fora enquanto você respira. Imagine que está enchendo uma bola de ar em sua barriga.

- **Expiração:** Lentamente, expire pelo nariz ou boca, esvaziando primeiro o ar dos pulmões e, em seguida, permitindo que o abdômen se contraia suavemente para dentro. Contraia levemente os músculos abdominais enquanto expira, empurrando o ar para fora como se estivesse esvaziando uma bola de ar em sua barriga.

- **Ritmo:** Mantenha um ritmo suave e constante de respiração, sem esforço excessivo. A respiração abdominal profunda deve ser relaxante e natural.

- **Tempo:** Experimente praticar por 3 minutos de cada dia, aumentando gradualmente conforme se sentir mais confortável com a técnica.

Praticar a respiração abdominal profunda regularmente pode ajudar a <u>reduzir o estresse, aumentar a oxigenação do corpo, acalmar a mente e melhorar a saúde respiratória geral.</u>

Além da respiração, é preciso ter hábitos diários que te ajudarão a manter o cérebro no consciente. Vou te dar dois ensinamentos chave para que leve por toda sua vida.

Abaixo você encontrará alguns desses hábitos, analise-os e escreva logo após se você pratica esta atividade. Caso pratique, descreva como faz isso e compare com o ideal proposto; caso não pratique, descreva o que você fará para incluir esta atividade na sua semana.

Atenção plena na alimentação: Dedique um momento para comer sem distrações, sem TV ligada, sem rádio ou leituras, focado totalmente na experiência de saborear e apreciar os alimentos.

Realizo esse hábito ( ) SIM ( ) NÃO

O que farei para incluir essa atividade na minha semana:

____

____

____

Observação da natureza: Passe algum tempo ao ar livre observando a natureza ao seu redor. Observe as árvores, pássaros, flores e outras formas de vida, e se conecte com o ambiente natural.

Realizo esse hábito ( ) SIM ( ) NÃO

O que farei para incluir essa atividade na minha semana:

____

____

____

Artes criativas: Dedique-se a uma forma de arte que você goste, como pintura, desenho, escultura, música ou escrita, e mergulhe totalmente na expressão criativa.

Realizo esse hábito ( ) SIM ( ) NÃO

O que farei para incluir essa atividade na minha semana:

____

____

____

Caminhada consciente: Faça uma caminhada consciente, prestando atenção aos seus passos, à respiração e às sensações do corpo enquanto se move.

Realizo esse hábito ( ) SIM ( ) NÃO

O que farei para incluir essa atividade na minha semana:

____

____

____

Escuta ativa: Pratique a escuta ativa durante as conversas, ouvindo com total atenção o que a outra pessoa está dizendo, sem pensar no que vai dizer em seguida.

Realizo esse hábito ( ) SIM ( ) NÃO

O que farei para incluir essa atividade na minha semana:

____

____

____

Alongamento consciente: Pratique alongamentos conscientes, focando na sensação de alongamento em cada parte do corpo enquanto realiza os movimentos.

Realizo esse hábito ( ) SIM ( ) NÃO

O que farei para incluir essa atividade na minha semana:

____

____

____

Exercícios de observação: Observe detalhes ao seu redor que geralmente passam despercebidos, como a textura de uma parede, os padrões das nuvens ou os sons ao seu redor.

Realizo esse hábito ( ) SIM ( ) NÃO

O que farei para incluir essa atividade na minha semana:

____

____

____

O segundo ensinamento envolve o ciclo circadiano.

O ciclo circadiano é um ciclo biológico de aproximadamente 24 horas que influencia uma variedade de processos fisiológicos, comportamentais e bioquímicos no ser humano.

Essas atividades ativarão a parte do seu cérebro responsável pelo cultivo da atenção plena e te farão sair do piloto automático, trazendo mais consciência e presença para a vida cotidiana.

O ciclo circadiano é controlado, principalmente, pelo relógio biológico interno. Esse relógio interno é sincronizado, principalmente, com ciclos ambientais, como a luz solar, mas também é influenciado por outros fatores, como temperatura, atividade física, e padrões de sono e vigília.

Alguns dos processos biológicos que seguem um ciclo circadiano incluem:

Ciclo sono-vigília: O ciclo circadiano regula o padrão de sono e vigília, determinando quando nos sentimos mais alertas e quando nos sentimos sonolentos ao longo do dia.

Vigília: É o período em que estamos acordados e conscientes. Durante a vigília, estamos envolvidos em atividades diárias, como trabalhar, estudar, socializar e realizar tarefas cotidianas.

Sono: É o período em que estamos inconscientes e descansando. Durante o sono, nosso corpo passa por diferentes estágios, incluindo sono leve, sono profundo e o estágio REM (movimento rápido dos olhos), que é associado a sonhos vívidos.

Regulação hormonal: Hormônios como cortisol, melatonina, insulina e hormônio do crescimento seguem um ritmo circadiano, afetando funções como metabolismo, resposta ao estresse e regulação do sono.

Temperatura corporal: A temperatura corporal segue um padrão circadiano, atingindo seu pico durante o dia e diminuindo durante a noite, o que também afeta o ciclo sono-vigília.

Atividade cerebral: O funcionamento cerebral, incluindo padrões de ondas cerebrais e atividade cognitiva varia ao longo do ciclo circadiano, influenciando a concentração, memória e desempenho mental.

Padrões de alimentação: O ciclo circadiano influencia a regulação do apetite e o metabolismo de nutrientes, afetando quando sentimos fome e quando nos sentimos saciados.

A interação entre o ciclo circadiano interno e os ciclos ambientais é crucial para manter a saúde e o bem-estar geral, e a desregulação no ciclo circadiano pode levar a distúrbios do sono, problemas de saúde e impactos negativos no funcionamento cognitivo e metabólico.

Vamos colocar em prática? Preencha abaixo como é a sua rotina diária:

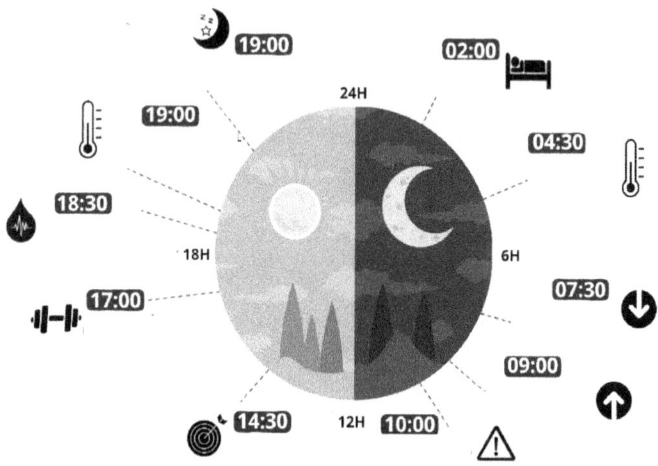

Ciclo Circadiano:

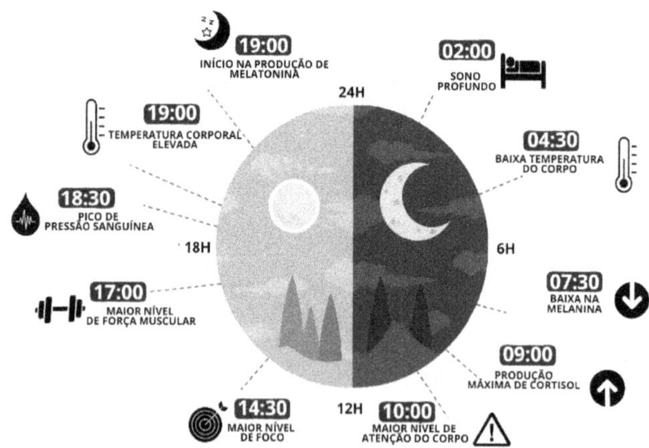

Agora você irá preencher como pode adaptar sua rotina ao ciclo circadiano:

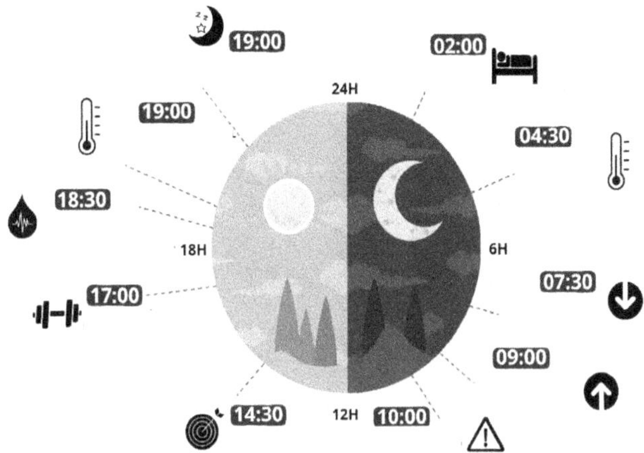

Este é o objetivo da análise corporal, trazer equilíbrio entre seu emocional, seus sonhos e sua personalidade. Ter uma rotina baseada no ciclo circadiano traz uma série de benefícios para sua saúde e produtividade. Como:

Melhor qualidade de sono: Ao seguir uma rotina que respeita os ritmos naturais do ciclo circadiano, é mais provável que você tenha um sono mais profundo, restaurador e de melhor qualidade. Isso pode resultar em maior energia durante o dia, melhorando o humor e a capacidade de concentração.

Regulação hormonal: O ciclo circadiano desempenha um papel crucial na regulação de hormônios importantes, como melatonina e cortisol. Uma rotina alinhada com o ciclo circadiano pode promover níveis saudáveis desses hormônios, o que beneficia o sono, o metabolismo, o humor e o sistema imunológico.

Melhor saúde metabólica: Estudos mostram que seguir uma rotina que respeita o ciclo circadiano está associado a um menor risco de obesidade, diabetes tipo 2 e outros problemas metabólicos. Isso ocorre porque o ciclo circadiano influencia a regulação do apetite, metabolismo de nutrientes e sensibilidade à insulina.

Desempenho cognitivo aprimorado: Uma rotina que respeita o ciclo circadiano pode melhorar o desempenho cognitivo, incluindo a memória, concentração, tomada de decisão e habilidades de resolução de problemas. Isso ocorre porque o ciclo circadiano influencia a atividade cerebral e os padrões de ondas cerebrais.

Maior resistência a doenças: Uma rotina saudável baseada no ciclo circadiano pode fortalecer o sistema imunológico e aumentar a capacidade do corpo de combater infecções e doenças. Isso ocorre porque o sono adequado e a regulação hormonal promovidos pelo ciclo circadiano são essenciais para a saúde imunológica.

Melhor humor e bem-estar emocional: Uma rotina consistente baseada no ciclo circadiano pode ajudar a reduzir o estresse, a ansiedade e a depressão, promovendo um equilíbrio saudável entre atividade e descanso.

Seguir uma rotina que respeita o ciclo circadiano pode melhorar diversos aspectos da saúde física, mental e emocional, promovendo um estilo de vida mais equilibrado e gratificante.

Momento comparações:

Agora que você já sabe como será sua jornada emocional dentro da consultoria, vamos entender a diferença entre uma Mentoria/Consultoria de Imagem Pessoal e a **Mentoria Viviane Williams**?

Consultoria de Imagem Pessoal (comum):

- Análise de estilo pessoal
- Análise de tipo físico
- Limpeza de guarda-roupa
- Compras personalizadas
- Montagem de visuais

Consultoria de Imagem Pessoal com Viviane Williams:

- Atendimento Terapêutico em Análise Corporal
- Análise do perfil emocional + análise do tipo físico para encaixe de estilo
- Entrevista com a consultora Viviane Williams
- Análise de *closet*
- Aplicação de cartilha de combinações do vestuário
- Compras personalizadas
- Montagem de visuais

É nítida a diferença de serviços e resultados! O objetivo não é apenas ensinar a ter um *closet* inteligente, mas a passar por uma transformação de vida! Uma transformação de autoestima que começa de dentro para fora, para que você possa aplicar nos mínimos detalhes e por toda sua vida os ensinamentos adquiridos. Vejo você na nossa próxima sessão!

Capítulo 10

Como impressionar?

"Não é a aparência, é a essência. Não é o dinheiro, é a
educação. Não é a roupa, é a classe."
Coco Chanel

Vista-Si

Quando se casa, é natural desejar impressionar o parceiro. São tantas novidades, mudanças e adaptações que, às vezes, pode parecer difícil manter a impressão que gostaríamos. No início, confesso que me sentia sobrecarregada pela avalanche de sentimentos que transbordava em meu coração. Mas, no fundo, fiquei impressionada com a força do amor que nos unia.

A vida em outro país trouxe desafios inesperados. Havia dores que não poderíamos compartilhar em palavras, mas que se expressavam em minha imagem e em gestos.

Lembro-me de uma noite em particular, quando meu marido chegou do trabalho e me encontrou deitada, lutando contra a saudade que apertava meu coração. Em meio às lágrimas, ele iniciou um diálogo bem carinhoso:

Esposo: Como você está?

Viviane: Não sei te falar...estou com muita saudade. Hoje está sendo difícil!

Esposo: Como posso te ajudar?

Viviane: Não sei... Só quero ficar na cama, deitada...

Esposo: Não, se arruma e vamos ali comigo.

Viviane: Não estou animada para sair, só quero ficar quietinha...

Esposo: Você vai gostar, vamos! Por favor!

Viviane: Não quero me arrumar...

Esposo: Tudo bem!

Apesar de relutante, decidi me arrumar. Tomei um banho, lavei meu cabelo e escolhi uma roupa simples, mas que estava refletindo meus sentimentos naquele momento: um suéter preto com pérolas, uma calça de montaria preta e um sapato branco, sem um pingo de maquiagem. Naquela aparência, estava estampada toda a dor da saudade que sentia.

E assim, fomos jogar golfe juntos. Durante o jogo, encontrei uma forma de me divertir e me distrair das preocupações. No fim da noite, percebi que impressionar meu esposo naquele momento não estava na aparência física, mas sim na capacidade de nos apoiarmos e compartilharmos momentos de alegria, mesmo diante das dificuldades. Segundo o dicionário *Oxford Languages*, impressionar significa "causar ou receber impressão psicológica; abalar(-se), comover(-se), causar ou receber impressão nos sentidos; chamar a atenção ou ter a atenção despertada por".

A verdadeira impressão vai além da superfície e reside na conexão emocional. Em nosso relacionamento, aprendi que compartilhar nossas preocupações e emoções constrói uma ponte de compreensão e apoio mútuo. Ao expressar minhas ansiedades e a saudade que me consumia, encontrei conforto na empatia do meu esposo. Essa troca sincera fortaleceu ainda mais nosso vínculo emocional, mostrando que ser verdadeiramente compreendido e amparado pelo parceiro é essencial para o crescimento e a estabilidade de nosso relacionamento.

Durante uma noite difícil, meu esposo demonstrou compreensão profunda de minhas emoções. Mesmo quando relutante em sair de casa, ele me ofereceu seu apoio incondicional, criando um espaço seguro para que eu expressasse minhas preocupações. Sua empatia genuína e compaixão foram fundamentais para fortalecer nossa conexão e reforçar a confiança em nosso relacionamento. Aprendi que a capacidade de se colocar no lugar do outro e oferecer apoio emocional é essencial para nutrir uma relação saudável e duradoura.

Quantas vezes seu pai, sua mãe, sua amiga, seu colaborador, ou outra pessoa que você ama muito precisou de você e teve uma boa impressão? Como você tem construído sua imagem com base nessas impressões ou nas atitudes? E como a comunicação afetou a forma de se relacionar com as pessoas? Como sua comunicação é descrita pelas pessoas que o rodeiam? Nossa imagem, nossa impressão é construída com base em nossos valores, que são reforçados diariamente.

Impressionar com nossa imagem, comunicação e obter resultados positivos nos relacionamentos é fundamental, seja com nossos cônjuges, amigos familiares, clientes, parceiros ou qualquer outra pessoa com quem interagimos. A maneira como nos apresentamos visualmente reflete não apenas nossa estética pessoal, mas também nossa confiança e respeito por nós mesmos e pelos outros. Uma comunicação clara, empática e assertiva é essencial para estabelecer conexões significativas e construir relacionamentos sólidos, baseados na compreensão mútua e na confiança.

Imagine entrar em uma sala e ser recebido com um sorriso caloroso e por um aperto de mão firme. Essa primeira impressão já diz muito sobre você e pode influenciar a forma como as pessoas o veem. Assim, a forma como nos vestimos, nossa postura e nossa linguagem corporal comunicam mensagens sutis sobre nossa confiança, profissionalismo e até mesmo nossa personalidade.

No dia 5 de março estivemos em Las Vegas. A noite prometia ser memorável, afinal era meu primeiro contato com a família do meu marido, e meus amigos me acompanharam nessa viagem. Ele parecia nervoso, o que me deixou curiosa. Enquanto nos dirigíamos ao banheiro do restaurante *Top of the World*, com sua vista deslumbrante da cidade, fui surpreendida. Tyler segurou meu braço, se ajoelhou e me pediu em casamento com um belo diamante. O sonho de toda mulher é receber uma joia especial, ainda mais quando vem de alguém que sempre busca surpreender. Foi um momento único e emocionante!

Você, com certeza, deve imaginar como eu fiquei feliz com esse presente tão delicado, que impressiona em qualquer lugar que eu vá pela singularidade do anel e do diamante. Todas as mulheres desejam impressionar, seja através da resiliência, pela força de lidar com desafios ou pela imagem. Na minha consultoria de imagem, reconheço o valor único que cada uma carrega, comparável ao de uma joia preciosa. Vamos explorar esse processo juntas?

Imagine-se diante de uma esmeralda bruta, uma pedra preciosa que está oculta sob as camadas da terra e da rocha. A pedra bruta pode ser vista como uma metáfora para uma mulher em seu estado inicial, representando sua essência crua e única, ainda por ser revelada ao mundo. Assim como essa pedra contém uma riqueza oculta dentro de suas camadas, a mulher guarda consigo um tesouro de qualidades, talentos e potenciais ainda não explorados. A lapidação da pedra pode ser comparada ao processo de desenvolvimento pessoal e autoconhecimento da mulher.

Agora imagine uma artesã habilidosa que é especializada em revelar a verdadeira essência de cada pedra. Então, ela segura a esmeralda bruta em suas mãos, estuda atentamente cada detalhe, identificando cada faceta escondida, cada nuance de cor, linhas, estilos e cada traço de sua singularidade. Essa artesã me representa, é uma especialista em auto expressão e autenticidade. Meu trabalho é exatamente assim, semelhante a uma lapidação de esmeralda. Com muito cuidado, respeito, dedicação e modo, vou esculpindo e aperfeiçoando a pedra, destacando a beleza interior de cada mulher de uma forma única e deslumbrante.

Cada fase desse processo de sutileza na lapidação é como cada etapa da consultoria de imagem. Desde a descoberta de sua personalidade, características únicas da pedra, até o polimento final, cada passo vai destacando uma qualidade especial e uma experiência inesquecível. No final desse processo tão criativo, a esmeralda brilha com muita intensidade, irradiando cores vivas e brilhantes. Da mesma forma, você também brilha com confiança, profissionalismo e solidez, refletindo uma imagem ainda mais autêntica e verdadeiramente sua, lapidada com cuidado e maestria durante seu descobrimento de autoconhecimento e aprimoramento pessoal.

A mulher é um sinal de força e é exatamente assim que é a esmeralda. Ela é uma das gemas mais duráveis, que simboliza a força e a resiliência da mulher diante dos desafios da vida. Quando enfrentamos dificuldades, transmitimos nossa força da beleza interior, mostramos valores e experiências de vida. A esmeralda também tem como características a singularidade e raridade, assim como nós, mulheres. Iguais e ao mesmo tempo tão diferentes umas das outras, nos tornamos preciosas por sermos únicas. Quando pensamos na cor verde da esmeralda, de imediato associamos à natureza e ao crescimento. Estamos sempre aprendendo algo novo todos os dias, constantemente crescemos um pouco em todos os aspectos da nossa vida.

Além disso, o que buscamos transmitir em nossa imagem é a elegância e sofisticação que a esmeralda representa. Por isso, é importante que nossa presença vá além do impacto superficial, devemos automaticamente expressar nossa elegância por meio das nossas atitudes e confiança, revelando nosso verdadeiro eu no processo

Quão forte é o seu nome?

Nosso nome é a primeira e mais duradoura associação que as pessoas fazem conosco. Nosso nome é o primeiro componente central da nossa identidade e, por extensão, da nossa marca pessoal. É uma ferramenta poderosa para personalizar a comunicação e criar uma conexão mais íntima e direta com os outros. Tudo o que fazemos, nossas ações, comportamentos e conquistas, é associado ao nosso nome.

Assim como uma esmeralda é valorizada como uma joia preciosa, nosso nome é uma expressão de quem somos ao longo da vida. Como você acredita que as pessoas atribuem características a você?

Ter um bom nome quer dizer que temos uma boa reputação, e isso é algo muito precioso. Isso quer dizer que as pessoas, ao lembrarem do nosso nome, associam a uma pessoa confiável, alegre, simpática, carismática, dedicada, inteligente. Também podem associar atributos negativos, como: insegura, antipática, arrogante, manipuladora, entre outras.

Sempre antes de alguém te apresentar para outra pessoa, ela costuma associar atributos como referência, como por exemplo: "Deixa-me apresentar você para a Bia, que é uma excelente profissional, ela é muito dedicada no que faz". Às vezes você ainda nem conhece uma pessoa e já fica impressionada com tantos atributos positivos, fica até ansiosa para ter no seu ciclo de amizade alguém assim.

Shirley Marie Williams, talvez você nunca tenha ouvido falar desse nome. Eu, no entanto, já ouvi bastante. Mas uma coisa que temos em comum, cara leitora, é que não conhecemos essa mulher pessoalmente. Então, por que estou mencionando ela? A verdade é que há quase seis anos escuto muitas pessoas descrevendo-a como: "Ah! ela era uma mulher incrível, muito simpática, de personalidade forte, sorridente e que tinha muita fé". Com certeza você começou a imaginar como essa mulher seria.

Um certo dia assisti a alguns vídeos dela com sua família e todas essas qualidades atribuídas só se reforçaram: ela parecia ser uma mulher super família e muito engraçada que, de repente, soltava uma gargalhada ou chamava um dos filhos em alto e bom tom. Com o passar do tempo, descobri algumas similaridades entre nós duas, como gostar de Michael Bublé e Bruno Mars. São pequenas coisas em comum, mas nunca tive a oportunidade de conhecê-la pessoalmente. Mesmo assim, ela me deixou o maior presente que eu poderia receber em toda a minha vida, seu filho, ou meu marido. E de brinde ganhei um cunhado e um sogro que são extensões dessa mulher tão incrível.

Tenho certeza de que pessoas como a que acabei de descrever, só de ouvir falar já desejamos estar perto e queremos conviver, é essa sensação que tenho sempre que escuto falar dela. A Bíblia diz que ter um bom nome é melhor do que riquezas, e isso é a mais pura verdade, as riquezas se desfazem, mas um bom nome ninguém nunca esquecerá. Shirley me fez amá-la e admirá-la sem nunca a ter conhecido. O bom nome e a boa reputação que criou ao longo da vida são tão fortes que todas as pessoas que a conheceram, especialmente seus filhos e seu marido, jamais irão esquecê-la sequer um dia.

Cada 16 de agosto, desde 2014, se tornou uma data difícil para essa minha nova família. Mas deixo aqui eternizada minha homenagem a uma mulher que jamais será esquecida. Afinal, vestir-se de si não se trata apenas do externo, para vestir-se de si é preciso que qualidades, valores e princípios estejam alinhados à sua imagem e torne você inesquecível. Homenagem a Shirley Marie Williams.

Conclusão

Quanto dura um processo? Quanto vale enfrentar tantos desafios? A verdade é que muitas vezes queremos pular as fases difíceis. Quantas vezes não percebemos que nossa insegurança, dúvida, tristeza, alegria e determinação estão transparecendo? Em um mundo onde construir uma imagem e manter sua autenticidade vale ouro, ser genuíno é essencial.

Houve um tempo em que a consultoria de imagem era vista apenas como uma ajuda para se vestir, mas este livro apresenta um método inovador: vestir-se de si mesma. Ninguém pode mostrar o melhor de si ou vestir-se autenticamente sem antes conhecer a singularidade dentro de si.

Olhar no espelho e sentir segurança em quem somos é essencial. Compreender que existe um código de vestimenta para cada ocasião e ter a confiança de que nossa imagem está transmitindo exatamente o que desejamos é fundamental. Desenvolver uma imagem intencional é importante para que, ao aplicar as estratégias, não percamos nossa essência apenas para alcançar resultados.

Sozinha você pode seguir adiante, mas juntas podemos tornar tudo ainda mais fácil. E por isso que na minha consultoria de imagem os resultados podem ser incríveis, especialmente quando acompanhada pela expertise da minha parceira Blenda. Com ela, você entenderá o quão maravilhoso é conhecer a si mesma e ter a percepção de outra pessoa sobre quem somos, nos enxergando de fora para dentro. Isso fortalece a pessoa que olhamos no espelho com mais confiança e admiração, valorizando toda nossa história e resiliência.

Viviane Williams

Encarar o medo, mesmo que sinta aquele frio na barriga, é essencial. As mudanças internas refletem na nossa mudança externa e isso pode refletir positivamente. Portanto, mude! É importante compreender que entender os estilos não é suficiente para ter sucesso na imagem, mas perceber que é o conjunto, como cabelo, cores, linhas e formas, tecidos e textura e o que você pretende transmitir; com a junção desses elementos você terá uma imagem harmoniosa.

E impressionar... ah! Quantas pessoas querem impressionar no meio digital, muitas forçando ser quem não são, usando roupas de marcas para causar impacto. No entanto, ao se encontrar pessoalmente, a decepção é infalível. Mas, imagine impressionar sendo apenas autêntica. Foi assim que conheci minha sogra, sem nunca a ter visto antes, e a sensação é de que fomos amigas de longa data, apenas pelas qualidades que unanimemente as pessoas atribuem a ela.

Seja a melhor versão de si mesma, mas não esqueça de vestir-se de si mesma e ser como uma esmeralda, preciosa e única.

Chego a conclusão de que nossa história é sempre fortalecida pelo apoio de outras mulheres poderosas que nos dão o suporte necessário para alcançarmos nossos objetivos. São mulheres que acreditam umas nas outras, compreendem nossas vulnerabilidades e estão dispostas a lutar e chorar conosco e por nós. No meu caso, preciso deixar registrado que, sem o apoio incondicional especialmente da minha mãe e da minha irmã, teria sido impossível encontrar a força e a coragem para abraçar esse recomeço, mudanças boas e ruins até o momento de hoje. O amor e apoio que recebo delas são fundamentais e insubstituíveis.

Mulheres precisam de outras mulheres! Juntas, criamos uma rede de solidariedade e força, onde cada conquista individual se torna um triunfo coletivo. A presença dessas mulheres em nossas vidas não só nos fortalece, mas também nos inspira a sermos a melhor versão de nós mesmas.

E essa conexão, essa compreensão mútua e essa troca e apoio que nos permite crescer e enfrentar os desafios com determinação.

Por isso, é importante reconhecer e valorizar a importância dessas relações. Elas são a base que nos sustenta, o ombro que nos conforta e a mão que nos levanta. A união entre mulheres é um laço poderoso que transcende obstáculos e nos conduz à realização de nossos sonhos.

Essa não é apenas uma história de superação e recomeço que estou compartilhando, mas também uma homenagem a outras mulheres cujas histórias foram narradas neste livro. Sou imensamente grata por elas terem compartilhado seus desafios conosco. Cada relato é uma fonte de inspiração e um exemplo de força e resiliência das mulheres, iluminando o caminho para todos nós.

Ah! Mas preciso contar como terminou minha história com Tyler. Bom, na verdade, a nossa história ainda está sendo escrita. Em 5 de Julho de 2024, completamos cinco anos de casados, e isso é apenas o começo. Nos adaptamos às nossas culturas, ao idioma e às inúmeras diferenças que temos. O que realmente importa nessa trajetória é a forma como a escrevemos todos os dias, com muita paciência e amor. Hoje, amo Tyler ainda mais do que naquele primeiro encontro no Brasil. Ele me ajudou a me olhar com mais coragem, a acreditar mais em mim mesma, e sou muito grata por tê-lo ao meu lado.

Para você, querida leitora, deixo a seguinte mensagem: nunca aceite menos do que você merece. Precisamos e devemos ser amadas e respeitadas, e isso não é um favor, é um direito que temos. Afinal, nossos parceiros escolhem nos amar, mas cabe a nós decidir como permitimos ser tratados. Não aceite nada menos que um amor verdadeiro e genuíno.

Vestir-se de si mesma é estar plenamente completa em nossas singularidades.

Se ame.

Se respeite.

E, vista-se de si: Vista-Si!

Sobre a Autora

Viviane Williams, empreendedora brasileira, traz consigo uma combinação única de habilidades e experiências que a torna uma profissional versátil e apaixonada pelo mundo da imagem pessoal e estilo. Com formação acadêmica em Administração, ela também concluiu uma mentoria em *Branding* com foco em imagem pessoal.

Determinada a se especializar no campo da Consultoria de Imagem e Estilo, Viviane buscou aprimoramento em uma das capitais da moda: Paris. Lá, ela se certificou como Consultora de Imagem e Estilo. Essa experiência internacional trouxe uma visão global e um senso refinado de moda, permitindo que Viviane ofereça um olhar único e atualizado sobre o posicionamento corporativo na Imagem Empresarial.

Chegamos ao final deste livro e gostaria de saber a sua resposta inicial e como você responderia essas mesmas perguntas
agora, após a leitura.

Como você descreveria a sua imagem?

____

____

____

____

____

____

Qual a importância que você dá para sua imagem?

____

____

____

____

____

____

Vista-Si

E qual resultado você busca lendo este livro?

____

____

____

____

____

____

____

Quero conhecer você e entender como ajudei. Então, por favor,
envie suas respostas para este e-mail:
book@vivianewilliams.com.br